Wie kam der
Vanillerostbraten
zu seinem Namen?

Gabi Weiss

Wie kam der
Vanillerostbraten
zu seinem Namen?

&

andere Wiener Küchenfragen

METROVERLAG

Wie kam der Vanillerostbraten zu seinem Namen?

Wie viel Vanille steckt im Vanillerostbraten? Keine! Kann man einen Buckel mit einer Eitrigen essen, ohne dass einem übel wird? Kann man. Was ist ein 16er-Blech, und welcher Kaiser hat dem Kaiserschmarren seinen Namen verpasst? Haben der Häuplsalat und der Wiener Bürgermeister gemeinsame Vorfahren? Und wie prätentiös muss man sein, damit eine Wiener Kaffeespezialität zusätzlich zum Schlagobershäubchen auch noch den eigenen Namen trägt?

Fragen über die Wiener Küche und ihre Spezialitäten, die man sich immer schon gestellt hat. Und wenn nicht, jetzt bekommt man die Antworten darauf.

Denn so gut wie um jede Speise der traditionellen Wiener Küche ranken sich G'schichteln, Anekdoten und Geheimnisse. Manche kann man lüften, viele kann man weitererzählen, alle sind unterhaltsam, auch wenn sie nicht immer wahr sind.

Die Geschichten haben keinen langen Atem, aber eine lange Vorgeschichte. Denn Wien war immer schon ein kulinarischer Hotspot, in dem die „Zuagrasten" aus aller Herren Ländern ihre Lieblingsspeisen im Gepäck mitgebracht und meist auch preisgegeben haben. Die Rezepte wurden einverleibt, die Speisen verfeinert und etwas Eigenständiges, Neues daraus gemacht: Die Wiener Küche ist eine Multi-Kulti-Küche, die es schon seit mehreren Jahrhunderten gibt. So manche Köstlichkeit mag zwar vielleicht durch die neuen Esstrends ein klein wenig in Vergessenheit geraten, die feine K.-u.-k.-Hofküche sorgte insgesamt jedoch für ein kulinarisches Sammelsurium an zeitlosen Schmankerln, die heutzutage international geschätzt und gelobt werden. Noch eines, was die Wiener Küche von anderen unterscheidet und zeigt, dass die Wiener ihre „Extrawurst" wirklich schätzen: Es gibt weltweit keine andere Küche, die sich mit dem Namen ihrer Stadt schmücken darf. Sie gilt als eigenständige Kategorie im weltweiten kulinarischen Genre. Die Wiener Küche entstand im letzten Drittel des 18. Jahrhunderts und ist eine gute Mischung aus traditionellen Speisen und regionalen Gerichten, viele von ihnen aus den ehemaligen habsburgischen Kronländern.

Dieses Buch ist ein kleiner Gruß aus aus der Wiener Küche, garniert mit Küchenlatein und Geschichten rund um so manches berühmte Gericht.

Also dann, gute Unterhaltung. Und vor allem: Guten Appetit!

PS: Wer ein Buch über die Geschichte von etwas so Essenziellem wie der Wiener Küche schreibt, der schöpft aus unzähligen Quellen. Den vielen Autoren, Wissenschaftern und Essens-Aficionados, die mit Leidenschaft und Genauigkeit zu diesem Thema gearbeitet, geforscht und geschrieben haben, bin ich zu großem Dank verpflichtet: Sie haben mich inspiriert, informiert und meine Recherchen in die richtige Richtung gelenkt. Allen voran danke ich Christoph Wagner (1954–2010), Ewald Plachutta, Ingrid Haslinger, dem Verein „Kuratorium Kulinarisches Erbe Österreich", der Wienbibliothek mit einer Sammlung von 1.300 historischen Kochbüchern sowie den Kochbuchautoren vergangener Zeiten, die wichtigste: Katharina Prato (1818–1897). Sie waren meine Führer durch historische Quellen, Gerüchte und Anekdoten und haben mir geholfen, die Spreu vom Weizen zu trennen.

DAS GABELFRÜHSTÜCK

„Zum Gabelfrühstück gönn' ich mir
ein Tellerfleisch, ein Krügerl Bier,
schieb' ab und zu ein Gollasch ein
(kann freilich auch ein Bruckfleisch sein),
ein saftiges Beinfleisch, nicht zu fett,
sonst hat man zu Mittag sein Gfrett."
Josef Weinheber (1892–1945)

Ist das Gabelfrühstück eher Frühstück oder Mittagessen?

Ein Paar Frankfurter war ein beliebtes Gabelfrühstück. Genauso wie das Gulasch. Dazu ein Seidl Bier und Gebäck – so diente es früher der arbeitsamen Bevölkerung als Stärkung am Vormittag. Das Gabelfrühstück ist nach F. G. Zenker „ein Mahl neuerer Zeit, in welcher das Mittagessen weit hinausrückt, den Zwischenraum von dem eigentlich Frühstück zu groß lässt, um nicht einen unbehaglich Heißhunger zu erzeugen." (nach Zenker: Die Küche des wohlhabenden Wieners, 1846, S. 333).

Wahre Popularität erreichte das Gabelfrühstück in Wien zur Zeit des sogenannten „Phäakentums" um 1900. Zur Jahrhundertwende galt alles Französische als „trendy" und „in". In den gehobenen Gesellschaftsschichten war es ohnehin üblich, mehrere Mahlzeiten am Tag einzunehmen. Auch den immer zahlreicher werdenden Beamten im Kaiserreich, die oftmals bereits um 6.00 Uhr/6.30 Uhr früh ihre Arbeit aufnahmen, kam die Möglichkeit dieser Stärkung gelegen und ergab auch durchaus Sinn. Das zweite Frühstück der Wiener ist keinesfalls als Vormittagsjause zu verstehen – das „Gabelfrühstück" ist eher ein echtes „Vor-Essen" und zählt zu den wenigen urwienerischen Traditionen, die wohl aus der französischen Küche stammen. Wobei es auch hier, wie so oft, verschiedene Thesen gibt.

Viele weitere typische Gerichte der heutigen Wiener Küche waren zum Gabelfrühstück, das oftmals zum eigentlichen Mittagessen geriet, beliebt: Salonbeuschel, Bruckfleisch, (Wiener Saft-)Gulasch oder Faschiertes zählten zu den Standardgerichten.

Was ist die Lieblingswurstsorte des Wieners?

Der Wiener braucht seine Extrawurst – auch wenn es dabei nicht immer um die Wurst geht. Wurscht! Also egal. Die Extrawurst hingegen ist uns nicht wurscht. Denn laut Umfragen ist die Extrawurst mit Abstand die beliebteste Wurstsorte in Österreich. Und das ist eine Leistung, bei 600 Wurstsorten ständig den Platz Nummer Eins zu verteidigen.

Warum wir so auf diese traditionelle österreichische Brühwurst stehen, ist eigentlich nicht erklärbar. Vielleicht hat es mit einer Kindheitserinnerung zu tun, die so gut wie jedem Kind widerfahren ist: Mit großen Augen vor der Wursttheke zu stehen, sich von dem, was da Gutes von der Decke hängt (riesige Schweinshaxen, geräucherte Würste, Geselchtes in großen Stücken), nicht ablenken und die Extrawurst nicht aus den Augen zu lassen Und dann auf den Pawlow'schen Reflex zu warten, der auch heute noch in der Fleischhauerei zu beobachten ist: Er oder sie reicht spontan ein Blattl Extrawurst über die Theke. Kinderaugen leuchten. Der Tag ist gerettet. Der Ruf der Wurst (als Seelentröster?) gesichert. Was will man mehr? Vielleicht ein Extrawurstsemmerl. Saure Extrawurst mit Zwiebeln oder Wurstsalat? Ein Leben ohne Extrawurst macht jedenfalls keinen Sinn, nicht einmal für Feinschmecker.

Anscheinend geht die Beliebtheit der Extrawurst bis ins Mittelalter zurück. Dort galt sie als Delikatesse für die armen Leute. Die Gewährung einer zusätzlichen Extrawurst kam einer besonderen Bevorzugung gleich. So dürfte auch die Redewendung „jemandem eine Extrawurst braten", ihn also bevorzugt behandeln, entstanden sein. Auch die Habsburger hatten ihre Extrawurst. Anfang des 19. Jahrhunderts war sie zunächst vermutlich etwas gröber als heute. Anfang des 20. Jahrhunderts existierte die Extrawurst schließlich in zwei Qualitäten – „fein" sowie „ordinär". Bereits 1925 gehörte die Extrawurst fest zum Standardrepertoire des heimischen Fleischer- und Selcherhandwerks.

Und so wird die traditionelle Wurst traditionellerweise bestellt: „Zehn Deka Extrawurst, bitte."

Wie heißt das Wiener Würstchen in Wien?

Die Frankfurter Würstel heißen auf der ganzen Welt Wiener Würstchen. Nur in Wien versteht man darunter etwas anderes. Typisch für die Wiener, sie brauchen immer eine Extrawurst (siehe vorhergehendes Kapitel) Dabei steckt hinter dem Verwirrspiel um Namen und Herkunft eine Liebesgeschichte. Eine schöne noch dazu.

Lahner, 1772 in der Fränkischen Schweiz geboren, zog es nach Frankfurt am Main, um das Fleischerhandwerk zu erlernen. Seine Eltern waren darüber froh, denn so hatten sie ein hungriges Maul weniger zu stopfen. Wie es damals üblich war, ging man nach den Lehrjahren auf Wanderschaft. So kam Lahner nach Wien. Dort begann eine romantische Liebesgeschichte, ohne die es die „Wiener Würstchen" vermutlich nie gegeben hätte. Lahner lernte eine ältere Baronin kennen, die sich in ihn verliebte und ihm mit ihrer finanziellen Unterstützung die Gründung einer Fleischhauerei ermöglichte. Ob sie auch seine Muse war, lässt sich jetzt nicht mehr sagen.

Lahner probierte verschiedene Rezepturen zur Verbesserung der Frankfurter Würstchen, die in der Gegend um Frankfurt am Main schon seit dem 13. Jahrhundert bekannt waren und die seit ca. 1860 als geografische Herkunftsbezeichnung geschützt sind. Lahners Rezeptur unterschied sich von jener der Frankfurter Würstchen, die ausschließlich aus Schweinefleisch hergestellt wurden. Zu jener Zeit waren in Frankfurt die Schweine- und Rindermetzger noch streng getrennt, was in Wien nicht der Fall war. Lahners „Frankfurter" bestanden je zur Hälfte aus Rind- und Schweinefleisch mit einer neuartigen Gewürzmischung. Am 15. Mai 1805 war es dann so weit: Die Frankfurter wurden zum ersten Mal verkauft. Eine Wiener Zeitungsmeldung machte darauf aufmerksam, dass im Schaufenster von Lahner, Am Schottenfeld Nr. 272, „merkwürdige Gebilde" hängen. Lahners Würstel wurden Stadtgespräch und entwickelten sich bald darauf zur einer beliebten Delikatesse.

Den Durchbruch schafften die Frankfurter durch ihre Akzeptanz bei Hof. Lahner wurde in die Hofburg eingeladen. Er kam „zum gnädig gewährten Vorkosttermin" mit einer silbernen Terrine an, um an der Tafel Seiner Majestät seine knackigen „Frankfurter" zu servieren. Kaiser Franz der I. erklärte die Würstel unverzüglich zu seiner Leibspeise. Von nun an wurde täglich ein Bote zum Fleischhauer Lahner geschickt, um frische Würstel für den Hof zu holen. Ein Problem galt es aber noch zu lösen: Wie sollte man die Frankfurter in der feinen Gesellschaft essen, wenn man auf die Etikette bedacht war? Mit Messer und Gabel? Die in Stilfragen nie falsch liegende Fürstin Pauline von Metternich beendete die Debatte, indem sie das Besteck einfach weglegte und das Würstel in die Hand nahm.

Auch andere Persönlichkeiten waren in die Frankfurter ganz vernarrt. Adalbert Stifter zum Beispiel. Dieser ließ sich die Würstel von Freunden via Postkutsche in das 180 Kilometer entfernte Linz liefern, was aus Haltbarkeitsgründen nur im Winter möglich war.

Johann Lahner starb 1845 als berühmter Mann. Erst 1967, als sein Urenkel Leopold und dessen Frau verstorben waren, schloss die Fleischhauerei in der Neustiftgasse 111 für immer.

Wie das Aquarium zum Fisch passen zu Wurst und Würstel …

Was hat man sich früher in Wien geschenkt?

„Die Kaisersemmel ist ein krustenreiches, ‚rösches‘ (resches), sternförmig eingeschnittenes Weizenkleingebäck für den Frischverzehr. Die Wiener Kaisersemmel ein ausschließlich handgewirktes Weißgebäck mit 5-teiligem Stern, das sich durch eine lange Teigführung auszeichnet, die zumindest 2 Stunden betragen muss. Das Ausbackgewicht einer Kaisersemmel muss mindestens 46 g aufweisen", schreibt das Bundesministerium für Land- und Forstwirtschaft, Umwelt und Wasserwirtschaft. An so viele Fakten denkt man ganz sicher nicht, wenn man eine frische Kaisersemmel vor sich hat. Auch bekannt unter Handsemmel – schließlich ist das Backkunstwerk von Hand gemacht und zeugt vom handwerklichen Können der Bäcker.

Semmeln hatten früher einen sehr hohen Stellenwert. Noch im frühen 20. Jahrhundert galt die Semmel als „Festtagsschmaus" und wurde nur zu bestimmten Anlässen oder am Wochenende verzehrt. Und sie wurde oft auch als Belohnung überreicht.

Jemandem eine Semmel zu schenken, wurde zu dieser Zeit als noble Geste angesehen. Auch der Heimatdichter Peter Rossegger berichtete darüber, dass er einmal im Jahr nach Mürzzuschlag fuhr und dort Semmeln geschenkt bekam. Noch heute ist es so, dass man einer knusprigen, frisch duftenden Kaisersemmel kaum widerstehen kann. Eigentlich ein schöner Gedanke, sie als Geschenk anzusehen.

Woher die Bezeichnung „Kaisersemmel" stammt, ist nicht eindeutig geklärt. Das Wort „Semmel" aber hat sehr alte sprachliche Wurzeln. Denn bereits im Assyrischen hieß weißes Mehl „samidu". Die lateinische Sprache verstand unter „simila" Weizenmehl. Im Mittelhochdeutschen wurde die Bezeichnung inhaltlich vom Mehl dann auch auf das daraus hergestellte Produkt übertragen. Die Semmel war sprachlich „geboren". Vermutet wird, dass die Bezeichnung „Kaisersemmel" auf Weißgebäck besonders erlesener Qualität zurückgehen könnte, wie es für den ehemaligen Wiener Kaiserhof gebacken wurde. Galt doch seit der von 1848 bis 1916 währenden Regierungszeit von Kaiser Franz Joseph I. die Bezeichnung „Kaiser-" in Verbindung mit Speisen und Getränken als Garant für ausgezeichnete Qualität. So entstand womöglich auch die Bezeichnung „Kaisersemmel".

Eine andere Erklärung ist, dass der Name „Kaisersemmel" nicht Bezug auf den Kaiser nimmt, sondern sich vom italienischen „a la casa" („nach Art des

Hauses") ableitet und daher die einfache Zubereitung und Hausmannskost meint. Und noch anderen Erzählungen zufolge soll die „Kaysersemmel" erstmals um 1750 von einem Wiener Bäcker namens Kayser kreiert worden sein. Er soll erkannt haben, dass der Geschmack vorwiegend aus der Kruste kommt und die Einkerbungen in der Semmel den Krustenanteil erhöhen.

Wegen der aufwendigen Herstellungsart galt die Kaisersemmel bis zur Mitte des 20. Jahrhunderts als Luxusartikel. Weißes Gebäck ist so etwas wie ein Statussymbol gewesen. Denn je ärmer die Bevölkerung war, desto dunkler war auch das Brot. Wer heute nach einer „Kaisersemmel" verlangt, weiß, dass ihn etwas Besonderes erwartet.

Welches Gulasch hätten S' denn gern?

Gulyás, Gulasch oder Pörkölt? Gulyás war ursprünglich ein Gericht, das von ungarischen Hirten unter
freiem Himmel im Kessel gekocht wurde. Die Hüter
der Rinderherden trugen ihren Kochkessel am Gürtel
immer bei sich. Abends machten sie Feuer, hängten
den Kessel darüber und ließen Fleischstücke zusammen mit Zwiebeln und anderen Zutaten in Wasser
langsam köcheln. Damals noch ohne das typische
Paprikagewürz.

Anfang des 19. Jahrhunderts gelangte das Gericht
dann mit einem ungarischen Infanterieregiment nach
Wien. Und wie das so in Wien ist, durfte es hier so
lange brodeln, bis sich das ursprünglich ungarische
Gericht assimiliert hatte und zu einem Wiener Klassiker wurde. Dazu kam die Experimentierfreude, und
schon gab es eine Reihe von Gulasch-Arten, schließlich sind die Geschmäcker ja verschieden: Eier-
schwammerlgulasch, Szegediner Gulasch, Fiakergulasch, Bohnengulasch, Rindsgulasch, nicht zu
vergessen das Saftgulasch, das es in so gut wie jedem
Wirtshaus auf der Speisekarte zu finden gibt. Damit

fängt der schlaue Wirt gleich zwei Fliegen auf einen Schlag: Neben dem Gulasch kann er auch die Saftwürstel (Würstel mit Gulaschsaft) anbieten.

Auch wenn sich die Wiener das Gulasch von ihren Nachbarn einverleibt haben, Ungarn bleibt das Herkunftsland. Doch aufgepasst, wer nach Ungarn fährt und ein Gulasch bestellt, darf sich nicht wundern, wenn er keines bekommt. Dafür wird ihm eine Gulaschsuppe aufgetischt. In Ungarn unterscheidet man zwischen dem kleinfleischigen und dünnflüssigen gulyásleves und dem molligeren und großfleischigerem gulyáshús. Obwohl es das bekannteste aller ungarischen Gerichte ist, haben sich die heutigen Rezepte weitgehend außerhalb Ungarns entwickelt und wurden dann quasi zurückerobert. In seiner Heimat wurde Gulasch erst im Laufe des 19. Jahrhunderts in die bürgerliche Küche aufgenommen, als es in Österreich bereits in den meisten Kochbüchern zu finden war.

Und wie kam das Fiakergulasch zu seinem Namen? Angeblich sind die stets hungrigen Wiener Lohnkutscher (Fiaker) an der Namensgebung beteiligt. Ein echtes Fiakergulasch wird mit Frankfurter Würstel, Spiegelei, fächerartig geschnittener Gewürzgurke und eventuell Semmelknödel serviert. Diese Variante ist auch unter dem Namen „Wiener Herrengulasch" bekannt.

Gibt es ein klassisches Wiener „Soulfood"?

Der Grenadier hat den feindlichen Soldaten den Marsch geblasen. Kein Wunder: war er doch im Gegensatz zu den Infanteristen des 17. und 18. Jahrhunderts zusätzlich mit Granaten ausgestattet. Und da sind wir auch schon beim Namensgeber des Grenadiermarsches angelangt: dem Militär. Dort wurde immer schon viel Geld für Rüstung ausgegeben, Einsparungspotenzial sah man bei der Verpflegung der Soldaten. Es gab Erdäpfeln und Nudeln (genauer gesagt Fleckerln, auch so eine österreichische Spezialität) in größeren Mengen, um die Meute satt zu bekommen, verfeinert mit Speck, Wurstresten (in Wien kommt hier wieder einmal die Extrawurst zum Einsatz), dazu Majoran, Knoblauch, Zwiebel. Petersilie nicht zu vergessen. So entstand ein Schmarren, im positiven Sinn, der viel Energie bringt und Kraft gibt.

Freilich setzt selbst ein Gericht wie der Grenadiermarsch mit Zutaten wie Speck und Wurst eine gute Versorgungslage voraus. Denn schließlich musste man ja an Zutaten wie Speck und Wurst kommen.

Man kann also davon ausgehen, dass sich das Gericht vor allem in Friedenszeiten auf dem Speisezettel befand. Und in der Tat wird man einen Grenadiermarsch im 1915 erschienenen Kriegskochbuch von Gisela Urban zunächst vergeblich suchen. Etwas verändert und vor allem um den Speck gebracht, findet man ihn dort jedoch unter dem Titel „Soldatenkappen" wieder.

Ob der Grenadiermarsch heutzutage beim Militär noch zum Einsatz kommt, ist fraglich. Faktum ist, dass er sich in den österreichischen Haushalten schnell verbreitet hat. Und zwar als Synonym für ein praktisches Restlessen, zu dem nahezu jede Köchin/ jeder Koch eine eigenen „Rezeptur" hat – quasi wie bei der Tomatensauce der sizilianischen Mama …

Was macht man mit kleinen quadratischen Fleckerln?

Schinkenfleckerln sind eine typische Spezialität der österreichischen und böhmischen Küche. Sie fallen durch eine besondere Zutat aus der Reihe: kleine quadratische Fleckerln. Erstmals wurden die mit Schinken vermengten Fleckerln Mitte des 18. Jahrhunderts erwähnt. Aber sie wurden auch besungen. 1936 taucht die beliebte Speise in einem Lied von Fritz Spielmann auf:

„Bei deinen Schinkenfleckerln
spielt oiwäu des Fleisch versteckerln!"

Und auf einem Album von Peter Alexander wird das Lied „Schinkenfleckerln" im Jahre 2006 veröffentlicht.

Schinkenfleckerln – am besten mit Häuptelsalat serviert – gibt es in verschiedenen Variationen. Am geläufigsten sind die überbackenen. Im Unterschied dazu werden Krautfleckerln und Wurstfleckerln grundsätzlich nur in der Pfanne erhitzt und niemals im Ofen überbacken.

ABER SUPPITO!

„Ich esse keine Suppe! Nein!
Ich esse meine Suppe nicht!
Nein, meine Suppe eß ich nicht!"
Heinrich Hoffmann (1809–1894)
in: „Struwwelpeter", 1845

Wie isst man Suppe auf „Wiener Art"?

Die Wiener sind beileibe keine Suppenkaspare. Und waren schon immer einfallsreich, was die „Einlage" betraf: Markstreifen und Wurzelscheiben, Frittaten, Leberknödel, Lungenstrudel, Leberreis, Lebernockerln, Milzschnitten, Hirnroulade, Schlickkrapferl, Biskuit-schöberl, Markknödel, Griessnockerl, Hirnpofesen, Hirntascherl, Eistich und vieles mehr. Nicht zu vergessen die Suppe, die sich aus dem Tafelspitz ergibt.

Suppen waren auch an den königlichen Höfen Europas äußerst beliebt. Aus dieser Zeit stammen ein paar gute alte Regeln, wie man seine Suppe auszulöffeln hat. Schlürfen mag vielleicht in China erlaubt sein – im westlichen Kulturkreis verstößt es eindeutig gegen die Tischsitten. Auch Pusten ist in feinen Lokalen tabu. Die Suppe wird langsam gelöffelt und darf für diesen Zweck nicht mehr allzu heiß sein. Erst zur Aufnahme des letzten Restes Suppe darf der Teller schräg nach hinten gekippt werden. Einzige Ausnahme: Hat die Suppenschüssel an beiden Seiten einen Henkel, darf auch daraus getrunken werden.

Und noch eine Regel gab es. Am Wiener Hof hielt man es mit dem Suppenfleisch ähnlich wie die vornehmen Chinesen: Sie überließen das Fleisch ihren Dienstboten. Es wurde zwar für die kaiserlich-königliche Suppenküche aufs Ausgiebigste verwendet, der vornehmen Gesellschaft aber nicht serviert. Der Hautevolee stand ausschließlich die allerfeinste Essenz, die Consommé, zu.

So macht man eine richtige Consommé:
Mageres, grob faschiertes Rindfleisch mit Karotten, Sellerie und Lauch (alles grob geschnitten), Eiklar, Salz und einem Fingerspitzerl Tomatenmark mit der Rindsuppe verrühren – das Eiklar muss sich vollkommen aufgelöst haben; eine halbe Stunde ziehen lassen. Mit kalter Rindsuppe aufgießen und unter vorsichtigem Rühren zum Sieden bringen. Nun braucht es noch etwas Geduld: Die Suppe 2 Stunden an der Siedegrenze ziehen lassen. Zu guter Letzt durch ein feinmaschiges Sieb seihen. Und auslöffeln!

Warum werden auf Wiener Speisekarten die Frittaten immer falsch geschrieben?

Der „Gemeine Frittat" leitet sich von einem Witz ab. Und der geht so: Ein bodenständiger Kellner servierte einem Touristen die Frittatensuppe, die dieser bestellt hatte, und meinte damit, alles zur besten Zufriedenheit erledigt zu haben. Leider hatte er aber das Insekt oder sonstige Kleinlebewesen nicht bemerkt, das auf dem Weg von der Küche zum Gast in der Suppe gelandet war. Einen Tag später fand sich der nämliche Gast erneut in dem Lokal ein. Wie am Vortag bestellte er auch diesmal wieder eine Frittatensuppe. Diesmal war natürlich kein Tierchen in der Suppe. Und so musste der Kellner mit offenem Mund staunen, als der Tourist ihn bei der neuerdings servierten Suppe aufgeregt fragte: „Und wo bitte ist heute der Frittat?"

Wer noch nie das „Glück" hatte, einen echten Frittat serviert zu bekommen, muss nicht unbedingt traurig sein, sondern macht die kleinen italienischen Cousinen der Palatschinke sicherheitshalber am besten selber:

*Gemäß einem alten Wiener Rezept werden die Fritta-
ten mit feingehackten Schalotten in etwas Butterschmalz angeröstet und dann mit ein wenig Weißwein –
am besten Gemischter Satz – abgelöscht. Die so
zubereiteten Frittaten werden dann mit einer kräftigen
Rindsuppe serviert.*
*Guter Tipp: Die Frittaten erst in allerletzter Minute der
Suppe beigeben, sonst quellen sie so stark auf.*

Und jetzt noch zur eigentlichen Frage dieses Kapitels:
Der Wiener schreibt die Frittaten so, wie er sie hört,
also mit Betonung auf dem „a" und daher schwer auf
dem zweiten „t". Im Hinterkopf hat er, dass irgendwo
zwei „t"s hingehören, und weil er es nicht besser
weiß, schreibt er also Fritatten. Beobachten Sie das!
Es gibt tatsächlich kaum ein Restaurant geschweige
Gasthaus in Wien, in dem diese Suppeneinlage kor-
rekt auf der Speisekarte steht.

Welche losen Burschen schwimmen in Wien immer obenauf?

Der Schnittlauch hat sich in der Wiener Küche einen besonderen Stellenwert erarbeitet. Er ist immer gerne „obenauf" und macht sich bei Speisen wie Suppen, Saucen, Salaten und Aufstrichen als das Tüpfchen auf dem „i" wichtig. Gut so, schließlich bringt er eine leicht scharfe Geschmacksnote in die Geschichte ein und erinnert dabei ein bisschen an Zwiebel, nur dass er wesentlich feiner und zurückhaltender schmeckt.

Wie sich das ursprüngliche Feld-, Wald- und Wiesenkraut zum Casanova der Küche gemeistert hat: Gewiss sind die Altwiener Suppeneinlagen ein Paradies für alle Suppenliebhaber. Aber was nützt das flaumigste Schöberl oder das feinste Grießnockerl, wenn eine der wichtigsten Zutaten fehlt: der Schnittlauch. Seine reichliche Verwendung hat ihm den Ruf eines etwas losen Burschen eingebracht. „Als Schnittlauch auf allen Suppen" bezeichnete man in Wien vor allem einen Casanova, aber auch jemanden, der beruflich oder privat gerne auf vielen Hochzeiten tanzt. Der Schnittlauch als Schwerenöter.

CHICKEN OR FISH?
XXX OR CHISH?
OR NONE OF BOTH?

„Das Rindfleisch ist die Seele der Wiener Küche."
Joseph Wechsberg (1907–1983)

Was wissen selbst die Wiener nicht über ihre Leibspeise?

Das Wiener Schnitzel ist weltweit bekannt, es ist sozusagen das Wiener „signature dish", also neben der Sachertorte das Wahrzeichen der Wiener Küche. Wer aber wissen will, warum das Wiener Schnitzel so heißt, der braucht gute Nerven, viel Zeit zum Recherchieren oder einen Freund, wie Christoph Wagner für mich einer war, den man einfach fragen konnte:

Das Ursprungsgebiet dieses heute weltweit mit Wien assoziierten Gerichts liegt keineswegs in Wien selbst, sondern im Süden und Osten der Donaumetropole. So simpel, wie die viel zitierte Legende, dass die kolonialistischen Wiener der Donaumonarchie einfach das berühmte „Costoletta alla milanese" auf Anregung des Feldmarschalls von Radetzky hin eingemeindet hätten, verhält sich die Sache allerdings auch nicht. Erste Spuren des bröselgebackenen Fleisches finden sich bereits bei den mittelalterlichen Mauren, die ein dem Wiener Schnitzel durchaus nicht unähnliches Gericht nach Andalusien brachten. Und bereits im 12. Jahrhundert erfreute sich ein vergleichbares gebackenes Fleischgericht in Konstantinopel vor allem bei der jüdischen Bevölkerung allergrößter Beliebtheit.

Eine weitere Fährte auf den Spuren des Wiener Schnitzels führt zu der in der Renaissance weit verbreiteten Sitte, Speisen nicht nur zu vergolden, um seinen Wohlstand zu beweisen, sondern auch aus (mittlerweile widerlegten) diätetischen Gründen. Im 16. Jahrhundert verbreitete sich dieser Brauch von Venedig aus über ganz Oberitalien bis nach Mailand. Während die naschhaften Venezianer vor allem Konfekt und Marzipan ein Goldmäntelchen verpassten, versuchten es die Mailänder mit Kalbskoteletts. Als das Vergolden von Speisen 1514 verboten wurde, besannen sich findige Köche wieder des alten, mittlerweile von Konstantinopel auch nach Italien gelangten Brauchs des Umhüllens von Fleisch mit einem Bröselkleid, das – wenn es richtig gemacht wurde – ähnlich gülden zu schimmern vermochte, wie die verbotene Blattgoldauflage. Feldmarschall Joseph Wenzel von Radetzky, der die Lombardei während des italienischen Risorgimento um die Mitte des vorigen Jahrhunderts verwaltete, lernte dieses Gericht in Mailand kennen und erwähnte es angeblich sogar in einem strategischen Bericht an den Wiener Hof. Als der politisch letztlich glücklose Feldmarschall wieder dorthin zurückkehrte, soll er von der Hofküche sogar ausdrücklich um dieses Rezept gebeten worden sein.

Nachweisbar ist das allerdings nicht. Vor allem hatte Radetzky in Mailand keine schmalzgebackenen, aus der Schale geschnittenen Kalbsschnitzel, sondern in Olivenöl gebräunte Kalbskoteletts kennen gelernt. Umgekehrt waren die Wiener schon seit einigen Jahrhunderten in ganz Europa für ihre Lust, alles – vom Backhendl über Kalbsfüße, Kalbsohren, Kalbshirn und sogar Kalbsschweife – zu panieren, berühmt. Die Technik des Ausbackens ist schon spätestens seit 1719 bekannt. Es ist also bis heute nicht ganz erklärlich, warum die Wiener, bis sie mit dem Backen von Kalbsschnitzeln begannen, ausgerechnet bis in die zweite Hälfte des 19. Jahrhunderts hätten warten sollen.

Die Faktenlage wird noch komplizierter, da man bis Ende der 1880er-Jahre in keinem Wiener Kochbuch ein authentisches Rezept für gebackene Schnitzel findet. Auch die Bezeichnung „Wiener Schnitzel" wurde erst um die Jahrhundertwende wirklich geläufig. Bleibt also nur die Vermutung, dass ein gebackenes Schnitzel den Wienern so selbstverständlich war, dass sie es lange Zeit gar nicht für nötig hielten, seine Herstellung eigens zu beschreiben. Und so haben die Wiener ihr Schnitzel den Mailändern letztlich wohl auch nicht gestohlen, sondern ein in Wahrheit schon uraltes Wiener Gericht spät, aber doch mit der unverwechselbaren Trademark der Donaumetropole versehen. Grundsätzlich gilt jedoch: Ein Wiener Schnitzel muss immer ein Kalbsschnitzel sein, ansonsten heißt es „Schweinsschnitzel gebacken".

Wie wird die Panier zur Einser-Panier?

Im Folgenden darf ich Ihnen Tipps vom berühmten Ewald Plachutta, einem der renommiertesten Köche Österreichs, Drei-Hauben-Koch und Begründer der berühmten „Rindfleischdynastie", zum Thema „luftige, soufflierende Panier" weitergeben:

Fleisch mit Klarsichtfolie bedecken und zart mit dem Fleischklopfer ca. 5 bis 6 mm dick plattieren, also klopfen. Beidseitig salzen. Eier mit einer Gabel verschlagen, nicht mixen, sonst werden die Eier zu dünnflüssig. Schnitzel beidseitig in glattem Mehl wenden, durch Eier ziehen – am besten leicht am Tellerrand abstreifen, damit nicht zu viel Ei am Fleisch haften bleibt. Dann in Brösel wenden – hier am besten Bäckerbrösel verwenden, die nicht zu fein gerieben sind. Brösel zart andrücken. Schnitzel leicht abschütteln.
Reichlich Öl, also 2–3 cm hoch, in einer Pfanne erhitzen. Test: Ein Zipferl vom Schnitzel hineinhalten, es muss „zischen". Man kann aber auch das nasse Ende eines Holzkochlöffels verwenden. Schnitzel einlegen. Ganz wichtig: Die Pfanne hin- und herschwingen. Schnitzel nur einmal wenden. Dann wieder die Pfanne

schwingen. *Schnitzel vorsichtig – Backschaufel ist besser als Gabel – herausnehmen, abtropfen lassen, überschüssiges Öl mit Küchenkrepp abtupfen. Und dann sofort servieren.*

Tipp: Das richtige Fleisch ist wie immer das Um und Auf fürs Gelingen. Für echte Wiener Schnitzel vom Kalb heißt das: Dann muss man Schnitzel vom Kalbsrücken verlangen, da dieses Fleisch schön zart ist. Daran erkennt man den Meister: Das Schnitzel muss gegen die Faser geschnitten werden. Nur so wird das Wiener Schnitzel schön weich.

Die Kenner des Wiener Dialektes wissen natürlich, dass Einser-Panier nicht gut gelungene Panier eines Schnitzels meint, sondern Festtagskleid, schönster Anzug etc., kommt also von „sich in Schale werfen." Aber weil wir schon beim Thema sind ...

Warum will der Wiener alles gebacken bekommen?

Die Liebe der Wiener zu Gebackenem kennt keine Grenzen. Oder wer würde sonst auf die Idee kommen, ein weiches Ei oder einen Schinken-Käse-Toast in Panier herauszubacken? Auch schon gesehen: Vanilleeis in Mehl, Ei und Brösel wutzeln und dann frittieren. Das Leben ist immer wieder für Überraschungen zu haben. Allen voran die kulinarischen Schmankerln der Wiener Küche.

Panierte und schmalzgebackene Speisen haben in der Wiener Küche eine große Tradition. Der Grund liegt auf der Hand: das Geschmackserlebnis. Das Backgut bleibt schön saftig, wenn es beim Ausbacken im heißen Fett baden darf. Der Hang, Speisen zu panieren, geht bis ins 15. Jahrhundert zurück. Angeblich weist ein Kochbuch des Wiener Dorotheerklosters gebackene Speisen auf, die eine Art Panier haben. Die Rezepte verwenden entweder Eierteig oder Eierteig mit Semmelbröseln gemischt, worin das Backgut getaucht und in Schmalz ausgebacken wurde.

An der richtigen Panier wurde lange getüftelt. Es gab Varianten, in denen das Backgut nur mit Eiern und Bröseln paniert wurde, manche Kochbuchautoren schlagen ein Mehl-Brösel-Gemisch vor. Auch die Möglichkeit, das Fleisch in die Kombination Mehl, Wasser und Brösel zu tauchen, war bekannt. Im letzten Drittel des 19. Jahrhunderts setzte sich schließlich die klassische Methode durch: erst Mehl, dann Ei, zu guter Letzt Brösel.

Nicht für alles, was man ausbacken wollte oder konnte, war die Wiener Panier geeignet. Da ließ man sich etwas anderes einfallen, Hauptsache Panier. Für Obst und Gemüse wurden die Backteige erfunden. In ihnen konnte man das „Unförmige" und meist nicht flache Backgut einfach eintauchen.

Aber auch Blüten wie Holunder, Akazien, Kürbis, Rosen und Kräuter wie Salbei, junge Brennesseln, Schwarzwurzelblätter und Petersilie wurden in Backteig getaucht und knusprig genossen. Das sagen zumindest Kochbücher aus dem 15. und 16. Jahrhundert.

Ebenfalls lange Tradition hat das Gebackene von pikanten Speisen. Dafür muss der Bierbackteig herhalten. Der Unterschied zum Backteig ist winzig: Es kommt ein wenig Zucker dazu, um dem Teig beim Ausbacken eine schöne braune Farbe zu geben, denn Zucker karamellisiert bekanntermaßen bei großer Hitze.

Eines steht fest: In Panier herausbacken kann man so gut wie alles – Karfiolrosen, Sellerie, Karotten und gelbe Rüben, Melanzani und Zucchini, Fischfilets und natürlich auch Innereien, allen voran Leber. Die Liste jener Zutaten, die ohne Panier auskommen, ist kurz. Zumindest in Wien.

Bei welchen Wiener Speisen ist kulinarische Geschichtsfälschung zu vermuten?

Bei all der kulinarischen Liebe zu Kaiser Franz Joseph vergisst man über „Kaisersemmel" und „Kaiserschmarren" gerne, dass der Kaiser selbst eigentlich ein Rindfleischtiger war. In einer behördlichen, für Berufsschulen genehmigten Servierkunde des Jahres 1912 ist unter anderem zu lesen: „Nie fehlt an der Privattafel Sr. Majestät ein gutes Stück gesottenes Rindfleisch, das zu seinen Lieblingsgerichten zählt." Dass man heute daher unter „Kaiserschnitzel" ein Kalbsschnitzel versteht und unter „Kaiserfleisch" nicht Rindfleisch, sondern ein Stück Schweinebauch, mutet irgendwie falsch und als kulinarische Geschichtsfälschung an. Denn nichts goutierte der „König der Süßspeisen" mehr als Beinfleisch oder einen Tafelspitz.

Die Liebe zum Rindfleisch setzte sich fort. So galt einst das Hotel „Meissl & Schaden" als legendäres Rindfleischparadies, berühmt und berüchtigt durch seine Rindfleischkarte mit 24 Variationen. Ein Nachruf ist nicht mehr notwendig (es ging im Bombenhagel des Zweiten Weltkrieges unter), denn es hat einen mehr als würdigen Nachfolger gefunden: Rindfleischliebhaber und -kenner Ewald Plachutta. Als Koch des Jahres, Professor und Bestseller-Autor erhielt er 2003 das Goldene Ehrenzeichen der Stadt Wien. Von seinen anderen Auszeichnungen ganz zu schweigen. Viel wichtiger ist, dass der „Großmeister des Rindfleischtopfes" für Österreich, und im Speziellen für Wien Tafelspitz & Co neu entdeckt hat. Da stehen nun wieder Spezialitäten auf der Speisekarte wie die „Fledermaus" und einige mehr. Plachuttas Rindfleisch-Imperium ist weit über die Grenzen Österreichs bekannt, ihm ist die Renaissance der Wiener Rindfleischküche zuzuschreiben.

Warum haben wir der strengen Wiener Hofetikette eines der berühmtesten Gerichte der Welt zu verdanken?

Er ist wohl der bekannteste Repräsentant der heimischen Rindfleischküche und hat seinen Ursprung im 19. Jahrhundert in der kulinarischen Welt der Donaumonarchie. Sogar in der altösterreichischen Literatur, im „Radetzkymarsch" von Joseph Roth (1894–1939), ist er verewigt: der traditionelle Tafelspitz. Untrennbar ist der Tafelspitz mit seinen klassischen Beilagen verbunden, mit denen er, in Scheiben geschnitten, serviert wird: Schnittlauchsauce, Semmel- und Apfelkren, Gemüse, geröstete Erdäpfel und Cremespinat.

Hauptlieferant für die Fleischversorgung der Kaiserstadt Wien war das Rind. Bevorzugt mit Rindfleisch von „ungarischen, galizischen und deutschen Mast-, Weide- und Bauernochsen", die auch aus weiter entfernten Gebieten herangetrieben werden konnten, füllte die Stadt ihren Bauch. Schon seit dem 15. Jahrhundert war der Rindfleischverbrauch in Wien dementsprechend hoch. Für gesottenes Rindfleisch wurden Mastochsen aus der ungarischen Puszta bevorzugt. Ihr Fleisch wies jene Zartheit, Saftigkeit und Würze auf, die das Gericht erst zu einer so begehrten Spezialität machten. Da dem Wiener sein Rindfleisch stets etwas Besonderes war, verwundert es nicht, dass auch das Zerlegen des Rindes nach Wiener Art im Laufe der Zeit zu einer regelrechten Kunst erhoben wurde.

Der Legende nach wurde der Tafelspitz im Hotel Sacher erfunden. Die Geschichte hört sich spannend an. Wenn Dienende des K.-u.-k.-Militärs mit dem Kaiser zu Abend aßen, nahm „Seine Majestät" den Platz an der Spitze der Tafel ein. Er wurde als Erster bedient und war auch als Erster fertig – zum Leidwesen jener, die noch nicht einmal eine Speise serviert bekommen hatten. Die Hofetikette war streng, es durfte niemand mehr essen, nachdem der Kaiser das Besteck weggelegt hatte. So gingen einige der Soldaten leer aus, aber mit leerem Magen kämpft es sich schlecht. Ein Glück, dass es Anna Sacher gab und sie Mitleid mit den Männern hatte. Sie ließ für die Hungrigen des Militärs ein Gericht vorbereiten, das stundenlang vor sich hin köcheln konnte, dabei sogar noch besser wurde und somit jederzeit servierbereit war – nämlich den Tafelspitz.

In der kaiserlichen Hofküche war jedenfalls schon in der ersten Hälfte des 19. Jahrhunderts gekochtes Rindfleisch Standard. Wirkliche Popularität erlangte das Altwiener Siedefleisch aber schließlich durch Kaiser Franz Joseph. Für die private Hoftafel genügte ihm einfache Kost, wie gekochtes Rindfleisch mit Beilagen, etwa Kohl oder Kohlrabi, ein Teller frisch geriebener Kren, einige junge Zwiebeln und altbackenes Brot zum Auftunken des Saftes. Großen Wert legte er angeblich darauf, dass sein Gustostückchen vom Blondvieh stammte.

Das schlichte Gericht fand schließlich den Weg ins Bürgertum und auch in viele Restaurants und Gasthöfe. Gekochtes Rindfleisch entwickelte sich zu einem tragenden Teil Wiener Lebens- und Genussphilosophie, die bis zum Zweiten Weltkrieg alle Krisen überstand. Während viele Speisen der klassischen Wiener Küche aus den Kronländern bzw. Ungarn stammen, ist das gekochte Rindfleisch eine echte Wiener Spezialität.

Warum essen Wiener Fledermäuse und eingebrannte Hunde?

Sie ist eine selten gewordene Spezies – und das nicht nur in der Natur. Auch in den Wiener Beisln und alteingesessenen Gasthäusern kommt sie nur noch selten vor. Und steht sie dann einmal auf der Speisekarte, kann man einen Kurs im Wundern belegen. Fledermaus, gebacken oder paniert, mit Sättigungsbeilage wie zum Beispiel „Eingebrannte Hund(e)" – und das soll man essen? Echt jetzt?

Damit der Schrecken nicht zu groß wird: „Eingebrannte Hund" sind nichts anderes als eingebrannte Erdäpfel. Und wer sich über den Rest der Speise nicht lange wundern will, bittet Wirt oder Wirtin um Aufklärung, was es mit dem seltenen Fang auf sich hat. Und ob er oder sie denn nicht weiß, dass die Fledermaus zu den vom Aussterben bedrohten Tierarten zählt.

Wundern braucht man sich eigentlich nicht, denn in Wien – wie man erahnen kann – hat ja alles irgendwie mit dem Essen zu tun. So auch die Fledermaus. Fledermausgerichte haben in der Wiener Rindfleischküche einen hohen Stellenwert und eine lange Tradition. Und die Fleischhauer – ebenfalls eine vom Aussterben bedrohte Art – müssen schon ausgezeichnet Bescheid wissen, um das gute Stück vom Rind herauszufitzeln. „Wiener Teilung", auch „Wiener Schnitt", nennt sich diese Fingerfertigkeit. Und nur mit ihr kommt man an die Fledermaus heran: ein handtellergroßes Stück Rindfleisch, das sich am Beckenknochen des Rindes befindet. Und das gekocht und durchgeschnitten der Form einer Fledermaus ähnelt. Dieses Muskelfleisch wird zu Lebzeiten des Tieres nur wenig belastet und ist daher feinfasrig und besonders zart. Eine kulinarische Spezialität mit Seltenheitswert!

Wie viel Vanille ist im Vanillerostbraten?

Da sitzt man vor einer Speisekarte und freut sich auf seinen Vanillerostbraten, den man schon seit eh und je im immer gleichen Beisl um die Ecke bestellt – nur an diesem Tag ist etwas anders, da ist ein Freund zu Besuch und stellt Fragen. Also nicht, dass er den Vanillerostbraten in Frage stellt, aber fast. Er will wissen, wie viel Vanille im Vanillerostbraten ist. Oder warum man gerade Vanille für den Braten verwendet. Und warum man die gar nicht herausschmeckt. Gute Frage, denkt man sich dann, nur leider bleibt die Antwort aus. Der Wirt muss her.

Beim Vanillerostbraten war das so: Der Vanillerostbraten wird nicht, wie sein Name etwa vermuten ließe, mit Vanilleschoten zubereitet, sondern mit Knoblauch. Er hat seinen Ursprung in der Geschichte Alt-Wiens: In wohlhabenden Haushalten pflegte man, Speisen mit kostspieligen Gewürzen zu verfeinern, wie zum Beispiel mit Vanilleschoten aus Übersee, die als besonders exklusiv galten. Ein Arbeiterhaushalt hätte sich kaum eine Vanilleschote zum Kochen leisten können. Knoblauch hingegen war sehr günstig zu haben und wurde dementsprechend viel verwendet. So bezeichnete man den Knoblauch scherzhaft als „Vanille des kleinen Mannes". Und daher kommt der Name dieses göttlichen Fleischgerichts.

Warum ist es so wichtig, einen guten Braten zu machen?

Was hat der Schauspieler Alexander Girardi mit dem Rostbraten am Hut? Und wie hat er es geschafft, dass der delikate Braten nach ihm benannt wurde, obwohl er alles andere als ein Fleischtiger war? Wie so oft steckt eine Frau dahinter. In Girardis Fall war es die Schauspielerin Katharina Schratt, die ihm zu Ehren diesen Braten erfand. Und zwar als Girardi eines Tages unangemeldet zu Besuch kam. Da Girardi Gemüse liebte, jedoch Fleisch nicht sonderlich mochte, soll Katharina Schratt das pikant gedünstete Rindfleisch unter dünn geschnittenem Wurzelwerk und allerlei anderen Zutaten „versteckt" haben. Übrigens, und das wissen Sie bestimmt: Schratt hat nicht nur Girardi „eingekocht". Ihre große Liebe war Kaiser Franz Joseph I., dem sie über 30 Jahre lang treu blieb. Und dem sie fast täglich einen Gugelhupf zum 2. Frühstück servierte (siehe Gugelhupf).

Der Rostbraten gehört zum Kreis der Klassiker der Wiener Küche. Sein Name erzählt etwas über die

ursprünglich verwendete Gartechnik: das Braten auf
dem Rost, das auch schon die Römer praktizierten.
Das beweisen sowohl Funde von Utensilien aus der
damaligen Zeit, aber auch Kochbücher, wie das
römische Kochbuch „De re coquinaria" von Apicius,
entstanden in der 2. Hälfte des 1. Jahrhunderts v. Chr.
und mit Ergänzungen bis etwa 400 n. Chr. versehen.
Der Rostbraten hat also eine lange Geschichte. Kein
Wunder, dass er dann auch immer wieder unter verschiedenen Namen und in unterschiedlichen Variationen auftaucht. So gibt es beispielsweise den
Hunyadi-Rostbraten, der eng mit dem ungarischen
Adelsgeschlecht der Hunyadi verknüpft ist. Dann
taucht natürlich der Esterházy-Rostbraten auf. Oder
der Schwedische Rostbraten. Die Variationen des
Rostbratens wurzeln einerseits in der Geschichte,
geben aber auch einen Hinweis auf ihre Machart. Der
Maschinrostbraten ist dafür ein gutes Beispiel, sein
Name leitet sich vom einst verwendeten Kochge-
schirr ab. Die „Maschin" ist ein besseres „Reindl" –
so wird der Maschinrostbraten auch oft mit dem
Reinrostbraten gleichgesetzt.

Um 1800 kannte die Wiener Küche bereits eine Fülle
von Rostbraten-Variationen: Es gab gegrillten,
gedünsteten, gefüllten, faschierten, gebackenen Rostbraten, Zwiebelrostbraten, Rostbraten mit (Rahm-)
Sauce sowie gebackenen oder gekochten Zwiebeln.
Wer wollte, konnte ihn auch natur, mit Knoblauch,

Erdäpfeln, Reis oder Sardellen essen. In der Ausgabe der „Süddeutschen Küche" aus dem Jahr 1895 führt die renommierte Kochbuchautorin Katharina Prato eine Fülle von Spielarten an. Insgesamt scheint zu dieser Zeit der Rostbraten eine Hommage an das Rindfleisch gewesen zu sein: Das sogenannte „Ochsenfleisch" galt in der altösterreichischen Küche als unentbehrlich.

An Katharina Schratts Beispiel sehen wir, wie wichtig es ist, gut kochen zu können. Und wie sagt Wilhelm Busch so schön: „Wer einen guten Braten macht, hat auch ein gutes Herz."

Wie kommt es, dass ein Rostbraten, eine Torte, ein Gemüse, ein Schnitzel, ein Gulasch und ein Steak denselben Namen tragen?

Das ungarische Adelsgeschlecht der Esterházys wäre ein eigenes Buch wert. Sie waren großherzige Kunstförderer, erfolgreiche Politiker und eben auch begnadete Feinschmecker. Kein Wunder also, dass sich ihr Name nicht nur auf Burgen und Schlössern wiederfindet, sondern auch auf der Speisekarte. Da gibt es zum einen den köstlich mürben Esterházy-Rostbraten, eine Torte mit Buttercreme und Marzipan – genau, die Esterházy-Torte –, ein eigenes Esterházy-Gemüse, bestehend aus Porree, Sellerie und Wurzelgemüse, das Esterházy-Gulasch, ein traditionelles Gericht aus Rind- und Schweinefleisch, Zwiebeln und Gewürzen, und nicht zu vergessen das Esterházy-Steak mit Burgunder-Sauce sowie das Esterházy-Schnitzel. Keine schlechte Ausbeute für den Hochadel.

Zurück zum Braten: Der Ursprung des Rostbratens auf Esterházy-Art liegt in der Improvisationskunst einiger Köche. Am Adelshof erwartete man einen köstlichen Rostbraten als Hauptgericht. Für das Rezept benötigten die Köche frische Trüffel, doch die Lieferung war noch nicht eingetroffen, und so wartete man ungeduldig. Und wartete und wartete. Und da man einen Baron und seine Familie nicht warten lassen konnte, musste man sich etwas anderes einfallen lassen. Der Rostbraten wurde so abgeändert, dass der Geschmack der Trüffel nicht mehr fehlte. Das neue Rezept wurde ein Erfolg, die Trüffel und andere Trends aus Frankreich wurden daraufhin ignoriert und die ungarische Variante des Rostbratens auf Esterházy-Art vorgezogen.

Geht das auch mit Meerrettich?

„No na net" würde man in Wien sagen. Aber von Anfang an. Krenfleisch ist ein mit geriebenem Kren bestreutes, gekochtes Schweinefleisch und stammt vom Kopf oder Bauch des Tieres. Gerade die Verbindung von dem frisch geriebenen und daher recht scharfen Kren mit dem Fleisch macht diese Speise aus. Erwischt man zu viel des Guten, also vom Kren, kann man sich schon mal das „Goscherl" verbrennen.

Kren ist die österreichische Ausgabe des sonst weit verbreiteten Meerrettichs, seine ursprüngliche Heimat liegt in Ost- und Südeuropa. Von dort wurde Meerrettich durch die slawischen Völker nach Mitteleuropa gebracht und verbreitet. Auch in Bayern, in der Schweiz, Slowakei, Südtirol, Tschechien, Usbekistan wird er Kren genannt. Wie man von Meerrettich auf Kren kommt, ist nicht ganz geklärt. Ursprünglich stammt das Wort aus dem Slawischen, kann aber auch seinen Ursprung im Tschechischen haben. Es ist ein Wanderwort, heißt es. Und es wird umgangssprachlich für Dummkopf eingesetzt. Nach dem deutschen Botaniker Heinrich Marzell bedeutet der Name „der über das Meer zu uns gekommene Rettich". Der etymologische Duden vertritt dagegen die Meinung, dass die eigentliche Wortbedeutung wahrscheinlich lediglich einen „größeren Rettich" bezeichnet.

Ob man nun Meerrettich oder Kren sagt – Hauptsache, man genießt dieses wohlschmeckende Wiener Gericht!

Wann und warum werden in Wien Bischöfe gegessen?

Heinrich von Neustadt, mittelhochdeutscher Epiker, 1312 als Arzt in Wien urkundlich genannt, war's, der die Wiener schon im 14. Jahrhundert bei ihren Essgewohnheiten beobachtet und darüber berichtet hat. Ob ihm dabei das Wasser im Mund zusammengelaufen ist? Wahrscheinlich schon. Was er beobachtet hat, war folgendes Zugeständnis der Wiener an ihre Leidenschaft, dem Essen: Es hat Priorität. Sogar vor dem Kirchengang. Bevor die Wiener zur Messe gehen, trinken sie eine Karaffe Wein und essen ein halbes Brathuhn dazu. Ihre Begründung – falls es denn eine braucht – ist naheliegend: um sich wohl zu fühlen. In der Barockzeit hieß es sich zusammenreißen, denn da ging es strenger zu: Man musste nüchtern zur Kommunion erscheinen. Dafür gab es anschließend das Brathenderl. In der Zeit des Biedermeier war das Backhenderl Inbegriff der feinen Küche – der Aristokratie und dem gehobenen Bürgertum vorbehalten.

Die Frage des anstandsmäßigen Zeitpunkts, um sein Henderl zu verspeisen, ist geklärt. Jetzt steht aber noch die berüchtigte Frage nach dem Wie im Raum. Gerade beim Backhenderl gibt es Pro und Contra, was die Haut betrifft. Mit oder ohne – beides hat seine Berechtigung. Ohne Haut hat das Backhenderl weniger Kalorien und schmeckt zarter. Das Rezept mit Haut ist dafür das ältere und authentischere. Auf jeden Fall hat sich das Henderl Rang und Namen erworben, denn wie heißt es im Appetitlexikon von 1894 so schön: „Die Backhenderl sind nicht nur eine Wiener Spezialität, sondern eine Tatsache der Österreichischen Kulturgeschichte, die dem ganzen Land zu Ehre gereicht."

„Wer sein Huhn alleine isst, muss auch sein Pferd alleine satteln", sagt ein französisches Sprichwort. Also am besten teilen, tranchieren nennt sich das, und zwar mit einem scharfen Messer, noch besser mit einer Tranchier- oder Küchenschere.

Übrigens: Der hinterste Teil des Backhenderls heißt Bischof. Und schmeckt vorzüglich.

Und so bekommt man sein Brathuhn schön knusprig: Kurz vor dem Fertigbraten mit etwas Butter bepinseln oder kaltes Wasser darauf spritzen.

Wie katapultiert sich der Wiener in den kulinarischen 7. Himmel?

Man muss den Geruch mögen. Und den Geschmack sowieso. Dann ist man in Wien im 7. Himmel, wenn es um Innereien geht. Mit Innereien hat sich die österreichische Küche einen Namen gemacht. In alten österreichischen Kochbüchern füllen die Rezepte für Hirn, Nieren, Leber, Herz, Bries, Zunge und Lunge viele Seiten. Eines fällt dabei auf: Die Rezepte beweisen Mut. Spannende Zusammensetzungen und vor allem interessante Würzungen machen diese Köstlichkeiten aus.

Das Kalbsbries (Thymusdrüse aus dem Brustkorb des Kalbs) wird meist gebacken serviert. Eine feine, aromatische Spezialität von ähnlicher Struktur, aber festerer Konsistenz als Hirn. Puristen verzichten auf Beilagen. Dieser kleinen Vorspeise könnten als nächster Gang die gerösteten Nierndeln folgen. Im „Haas Beisl" ist dies zumindest der Fall. Aber auch schon im 19. Jahrhundert zählten Innereien zu den Einschiebspeisen oder Assietten, die zur Zeit des Service à la française, während des Auftragens einer neuen

Tracht, die Tafelgäste bei Laune halten sollten. Was mit Sicherheit auch gelungen ist. Und es war noch bis in die Neuzeit so, dass Innereien als Voressen angesehen wurden.

Innereien gelten als Wiener Spezialität, auch wenn sie ihre Wurzeln nicht in den Kronländern haben. Der Wiener Innereien-Himmel ist unermesslich groß. Neben den Speisen aus Köpfen und Füßen der Schlachttiere (eingemacht, mit saurer Sauce, als Frikassee oder Ragoût, gefüllt, mit Kren oder Bröseln) kannte die Wiener Küche zahlreiche selbstständige Innereien-Gerichte. Dazu gehörten gebratenes, geröstetes oder gebackenes Hirn, gebackene Hirnwürstchen sowie Hirnkotelettes (die Hirn-, Semmel-, Eimasse kommt auf Oblaten, wird zu Kotelettes geformt, ein Stück Petersilienwurzel als Knochen eingesteckt, paniert und gebacken). Knochenmark wurde ebenfalls ausgebacken, Gekröse und Euter machte man ein oder dünstete es sauer. Besonders zahlreich waren die Wiener Rezepte für Kutteln: gedünstet, mit Kapern, mit Speck, mit Bröseln, gebacken, mit Reis, Erbsen und Champignons in Palatschinken und in der Form mit Speck, Eiern und Schinken gebacken. Aus Nieren bereitete man geröstete Nieren, Paprikanieren und saure Nieren zu. Besonders berühmt war das gespickte Kalbsherz (mit Speck spicken, auf Speck, Wurzelwerk und Fleischabfällen gedünstet). Leber wurde geröstet oder mit kurzer Sauce serviert; Leberfilets wurden in Butter getaucht und in Ganslfett mit Zwiebeln gebraten und auch als Leberschnitzel zubereitet. Kuheuter wurden gebraten und gebacken; man füllte sie auch oder servierte sie gekocht mit brauner Sauce. Kalbsbries gab es eingemacht, gedünstet, frikassiert, gebraten, gespickt, mit Krebsbutter oder gebacken. Fast in Vergessenheit geraten ist der gebackene Spanninger, also Stierhoden.

Ähnlich wie den Bauern im Umland Wiens erging es den Wiener Bürgern. Auf der Fleischbank und der Fleischbrücke gab es zahlreiche Teile der Schlachttiere, die keiner Ablagerung bedurften bzw. aufgrund geringer Haltbarkeit sofort verarbeitet werden mussten. Besonders begehrt waren in Wien die Innereien des Kalbes. Kalbsherz in Rahm, gespicktes Kalbsherz, Kuttelragoût, Leber in zahlreichen Variationen erfreuten sich großer Beliebtheit. Als absoluter Renner entwickelte sich das Kalbsbeuschel, das manche Wiener – in der auf den Punkt gebrachten Säure und Würze – als magenreinigend und gesundheitsfördernd ansahen.

Kalbshirn war immer schon eine begehrte Innerei. In Wien bereitete man nicht nur das berühmte gebackene Hirn zu, sondern auch Hirn mit Ei, Hirnkroketten, Hirnpudding, Hirnpofesen (eine alte Wiener Suppeneinlage) und Nierndeln geröstet mit Hirn. Auch Rezepte für Hirnwürste in Schweinsdärmen findet man in Wiener Kochbüchern des 19. Jahrhunderts.

Bis zum 19. Jahrhundert waren Klein- und Innenteile wie Füße, Kehle, Maul, Lunge, Leber, Herz, Nieren, Hirn und Därme besondere Leibgerichte des niederen Volkes. Därme und andere Innereien wurden sogar von einer eigenen Fleischzunft vertrieben. Man versuchte, einfach alles von einem Tier zu verwerten. Beim Sautanz zum Beispiel, eine aus dem bäuerlichen Bereich stammenden Festlichkeit, wurde alles, was von der Schlachtung eines Schweines leicht verderblich war, so rasch wie möglich verarbeitet. Dazu gehörten Hirn, Niere, Herz und Leber (Leberwürste) sowie die Blunzn (Blutwurst), in der man das anfallende Blut verwerten konnte. Die Blutwürste wurden in Salzwasser gekocht; meist rissen einige der Wurstdärme auf und die Fülle ergoss sich in das Kochwasser. Dies ergab mit dünnen Schwarzbrotschnitten eine ausgezeichnete und nahrhafte Suppe.

Doch BSE und die Gefahr von hohem Cholesterin machten manchen Innereien den Garaus. Milzschnitten, Leberreis, Milzpofesen, Hirnknöderln, Lungenstrudel, Leber-, Hirn- und Milzschöberl sind heute kaum mehr bekannte Einlagen für die gute, echte Wiener Rindsuppe.

„Eine überragende Rolle kommt den Innereien des Rindes in der besseren Küche nicht zu, wiewohl sie zu billigen Massenspeisen gern herangezogen werden [siehe Gabelfrühstück!] (...) Zu erwähnen ist der

Ochsengaumen und – ein Urwiener Ausdruck – die Fotzgoschn, woraus der beliebte Ochsenmaulsalat bereitet wird", schrieb Franz Ruhm um 1933. Ochsenmaulsalat ist heute kaum mehr ein Thema der Wiener Küche und nur sehr selten im Handel erhältlich. Anders sah Ruhm die Innereien vom Kalb. Ihnen widmete er wegen ihrer Köstlichkeit „ein besonders umfangreiches Kapitel". Franz Ruhm führt in seinem Kochbuch bei den Innereien u. a. folgende an: sauer eingemachte Kalbsnieren, Kutteln/ Löser in Weinsoß, gebackenes Kalbshirn, gebratenes Kalbshirn, Hirn mit Ei, Kalbsniere mit Speck, Kalbsbries natur, gebackenes Bries, geröstetes Kalbsherz, gebackenes Gekröse, faschierte Kalbsmilz, geröstete Kalbsleber, saure Kalbsleber, glasierte Kalbsleber, Kalbsleber Altwiener Art, Paprikaleber, Pörköltkalbsleber. Obwohl Innereien immer wieder der Geruch der Billigkeit und Gewöhnlichkeit anhaftete, wurden sie dennoch zu einem schmackhaften und pikanten Klassiker der Wiener Küche.

Wie gesagt: Man muss Geschmack und Geruch mögen. Dann ist man in Wien im kulinarischen 7. Himmel!

Was war in der Nachkriegszeit das klassische Weihnachtsessen?

Heinz Herkner war Koch aus Leidenschaft und dafür bekannt, die Wiener Küche wieder salonfähig gemacht zu haben. Gänselebertöpfe, böhmischer Wurzelkarpfen, Fischbeuschelsuppe – ja, richtig gelesen, Fischbeuschelsuppe. Sie war in den Nachkriegsjahren aufgrund des bis 1952 herrschenden Frischfleischmangels allgegenwärtig. Und wurde gerne am Heiligen Abend serviert. Kein Wunder: Mit Liebe (wie früher beispielsweise von Heinz Herkner) gemacht schmeckt sie mindestens so gut wie das allseits bekannte Wiener Traditionsgericht Beuschel. Und steht dem Eintopf aus Lunge, Herz und Leber vom Kalb oder vom Schwein in nichts nach.

Und die Fischbeuschelsuppe hat sich noch eine „Marktnische" zu eigen gemacht: die Fastenzeit. Die Fischbeuschelsuppe gilt als eine der berühmtesten Fastensuppen. Da sie früher mit Lebkuchenbröseln als Suppeneinlage serviert wurde, kann man sich gut und gerne die Frage stellen, wie ernst da wohl das Fasten genommen wurde.

Für welches Wiener Essen braucht es richtig viel Mut?

Gleich vorweg und ohne langes Rätselraten: Das Gekröse ist das essbare Gedärm und der Magen vom Kalb. Gekröse fällt unter den Sammelbegriff Kutteln. Aber die vom Kalb sind die feinsten, sagt man. Sie sollen zart sein, mild und nussig schmecken und mit „Kuttel-Fleck" nicht zu vergleichen sein.

Schon Homer erwähnte dieses ganz spezielle Mahl, bei dem der eine oder andere den Mund verzieht und dankend ablehnt. An Kutteln scheiden sich die Geister. Am Gekröse auch, aber nur, solange man es noch nicht probiert hat.

Erst als im letzten Jahrhundert Fleisch erschwinglich wurde, kam es aus der Mode, auch die Innereien zu essen, und Kutteln bekamen den Ruf eines „Arme-Leute-Essens". Davon haben sie sich erholt, heute erleben Kutteln und somit Gekröse eine Renaissance. Sie gewinnen wieder an Beliebtheit. Vielleicht, weil sie sich auf der Speisekarte so selten sehen lassen.

Diejenigen, die früher die Gedärme von Wiederkäuern reinigten und brühten, um aus den Mägen die
Kutteln zu gewinnen, lassen sich gar nicht mehr bli-
cken: Wegen der „Unreinlichkeit" ihres Berufes
waren die „Flecksieder", ähnlich wie die Gerber, in
der Stadt nicht geduldet und mussten deshalb an die
Stadtränder siedeln. Sie waren also alles andere als
beliebt. Mittlerweile ist die Zunft der „Kuttler" ausgestorben. Die Fleischhauer haben übernommen.
Und auch sie werden rar.

Gut zu wissen: Mit dem Sammelbegriff Kutteln sind
die vier Mägen (Labmagen, Netzmagen, Blätterma-
gen und Pansen) und Teile der Därme von Rindern
und anderen Wiederkäuern gemeint. Kutteln werden
meistens aus dem Pansen oder aus dem Netzmagen
hergestellt. Und wie gesagt: Gekröse ausschließlich
vom Kalb. Nehmen Sie Ihren Mut zusammennehmen
und probieren Sie es mal!

Was war der Prüfstein für die Wirtshausköchin/den Wirtshauskoch?

Mit den Innereien ist das so eine Sache: sie polarisieren. Da gibt es nur ein Ja oder ein Nein, Ekel oder Hingabe. Manche der Innereien haben sich ihren Platz am Teller bereits erobert. Beuschel zum Beispiel. Das ist längst salonfähig, heißt ja schließlich auch Salonbeuschel. Bei der gerösteten Leber kann es sogar passieren, dass man ganz darauf vergisst, dass es sich dabei um eine Innerei handelt. Bei Hirn mit Ei oder Kutteln braucht es schon eine kleine Portion Mut, um sie zu bestellen und dann natürlich auch noch zu verspeisen. Zum Glück leben wir nicht mehr im 19. Jahrhundert, als es unter dem niederen Volk gang und gäbe war, auch die Klein- und Innenteile wie Füße, Kehle, Maul, Lunge und Därme zu verspeisen. Aber es gibt noch eine Steigerungsstufe: Bruckfleisch.

Im Bruckfleisch versammeln sich das A und O der Schlachtabfälle aus Herz, Milz, Leber, Bries, den „Lichteln" beziehungsweise Herzröhren (Aorta) und dem Kronfleisch (grobfasriges Fleisch von der Brust-

innenwand des Rindes), Stichfleisch (jener Fleisch-
partie, die Rund um die Einstichstelle beim Entbluten
der Tiere entsteht). Und nicht zuletzt ein bisschen was
vom schlachtwarmen Blut des Tieres. Dazu Wurzelwerk, Essig, Thymian, Majoran, Pfeffer, Zwiebeln,
Lorbeer, Wacholder, Rosmarin und Knoblauch.

Wer jetzt einen echten Gusto bekommen hat,
gehört wahrscheinlich schon zu den bekennenden
Feinschmeckern von Innereien. Das Beuschel – um
noch einmal darauf zurückzukommen – galt einst als
kulinarischer Prüfstein für den Koch oder die Köchin
eines Wirtshauses. Ähnlich bei Bruckfleisch. Hier
konnte man unter Beweis stellen, was man aus den
Schlachtabfällen machen konnte, die – ohne abzula-
gern – direkt von der Schlachtbrücke, wo sie liegen
blieben, in die Küche kamen. Der selige Heinz Herkner war ein Meister darin.

Übrigens: Die heutige Schwedenbrücke war eine der
„Schlagbrücken" im Mittelalter. Dort wurden die
„Schlachtabfälle" wie Rindsbries, Milz, Leber, Herz,
Herzschlagader, Kronfleisch und Lunge in einem
großen Kessel klein geschnitten und mit allen Gewürzen gekocht. Die Schlachter und deren Gehilfen wurden damit nach getaner Arbeit verköstigt und nahmen auch eine kräftige Portion mit nach Hause.

Was ist ein Beuscheltelefon?

Das Beuschel – ein Ausdruck für Kalbslunge – ist angeblich jüdischen Ursprungs und in der Wiener Küche so prominent, dass der Begriff sogar Eingang in das Alltagsvokabular gefunden hat und umgangssprachlich oft als Synonym für „Lunge" verwendet wird. So verbirgt sich hinter einem „Beuscheltelefon" das medizinische Diagnosewerkzeug Stethoskop und hinter einem „Beuschelreißer" eine starke Zigarette. Auch die Jäger haben ihr eigenes „Latein" für das Beuschel: In der österreichischen Waidmannssprache bedeutete Beuschel Lunge, Leber, Herz, Milz und Nieren des Wildes, das sogenannte „Jägerrecht".

Das Beuschel ist ein Ragout aus beiden Lungenflügeln sowie dem Herz, wobei aber auch andere Innereien verwendet werden können. Meist stammt es vom Kalb. Einst galt wie bereits erwähnt das Beuschel aufgrund seiner „minderen" Zutaten für herrschaftliche Tafeln als zu gewöhnlich. Erst im 19. Jahrhundert fand es, mit Obers und Gulaschsaft verfeinert, als „Salonbeuschel" den Weg auf gutbürgerliche und feine Tafeln. Später hat sich das Salonbeuschel als klassischer Bestandteil des Altwiener Gabelfrühstücks etabliert. Als Beilagen werden Serviettenbzw. Semmelknödel oder gekochter Grießstrudel gereicht.

Doch das Beuschel wurde nicht immer nur geliebt, sondern manchmal auch verspottet. So beschrieb es der österreichische Schriftsteller Friedrich Schlögl (1821–1892) in seinem Werk „Wiener Blut" als „ein derbes Purgatorium für einen sündhaften Magen". Und Johann Strauß (1824–1899) schrieb angeblich in einem scherzhaften Brief an den Bildhauer Viktor Tilgner: „Im Tarock bin ich im Stande, den Mitspielenden das Beuschel aus dem Leib zu reißen ..." Das Beuschel musste also öfters auch für diejenigen herhalten, die sich gerne umgangssprachlich ausdrückten.

Apropos Sprache: Das Wort Beuschel dürfte sich von „pauschen, bauschen", das heißt aufblähen (der Lunge), ableiten. Die Bezeichnung „Päuschlein" hat sich von Wien und Umgebung ausgehend auch in den westlichen Bundesländern Österreichs in der Umgangssprache durchgesetzt. Die Bezeichnung „Beuschel" ist vor allem im Osten und Süden Österreichs geläufig, im Westen Österreichs sagt man dazu auch Lüngerl.

Was liegt auf dem Teller links und was rechts vom Fleisch?

Wer einst den Wiener beim Essen beobachtet hat, musste denken: „Was für ein Vielfraß!" Der Berliner Friedrich Nicolai schilderte die Genusssüchtigkeit der Wienerinnen und Wiener am Beginn der Alleinregierung Josephs II. so: „(…) Ein wohlhabender Bürger isset beinahe den ganzen Tag. Schon in der Früh schlürft er im Sommer ein Paar Seidl Obers oder Milchrahm in sich, und genießt eine gehörige Anzahl Kipfl oder Milchbrödtchen dazu. Im Winter tunkt er seine Eierkipfl in Milchkaffee und ehe er in die Messe geht, stopft er eine gute Portion Gebetwürstl in sich (…) Zu Mittag isst er gewöhnlich vier Gerichte, und von jedem nicht zuwenig. Als denn setzt er sich einhalbes Stündchen in den Schwungstuhl und schaukelt sich, um die Verdauung zu befördern. Dafür kann er auch gegen vier Uhr ein tüchtiges Jausen oder Vespernbrodt zu sich nehmen." (aus: „Heute muss der Tisch sich völlig bieg'n", Wiener Küche und ihre Kochbücher, Mandelbaum Verlag)

Der Wiener war anscheinend nur schwer satt zu bekommen. Daran hat sich im Laufe der Jahre gar nicht so viel verändert. Zum Glück können sich die Portionen in den Wirtshäusern auch heute noch sehen lassen. So manchen Gerichten wird man nur zu zweit Herr. Und auch nur dann, wenn einen der Hunger schon ordentlich quält. Beim Gasthaus „Renner" ist das zum Beispiel so. Da biegen sich die Tische, da türmen sich die Speisen. Auch beim Gasthaus „Haidinger" und einigen anderen gutbürgerlichen Wirtshäusern sollte man nicht den Fehler begehen, sich erst an der Speisekarte nicht satt sehen zu können und dann tatsächlich Vorspeise, Hauptspeise und Nachspeise zu bestellen. Also, außer man ist lebensmüde und setzt alles daran, sich mit Vorliebe zu „Tode" zu fressen. Vielleicht gerade für den Wiener und seinem Hang zum Ableben ein spannender Aspekt.

Der Wiener liebt, um auch wirklich satt zu werden – der Name ist Programm – die allseits beliebten Sättigungsbeilagen. Vom Sprachhistorischen her gesehen ein Unwort, heutzutage würde es nicht lange überleben. Aber es hat auch seine praktischen Seiten: Denn um sich aus der Patsche zu helfen, griffen die Wirte früher gerne zu diesem recht uncharmanten Begriff. Dann nämlich, wenn sie die Tageskarte schreiben wollten, aber noch keinen Tau hatten, welche Beigabe oder Zuspeise – wie es im Wienerischen heißt – an diesem Tag am Programm stand. Auf Deutsch: Ob es

Nudeln, Spätzle, Kartoffel, Knödel und Nockerln, Polenta, Reis oder Erbsenpüree zum Hauptgericht geben würde, stand in der Früh eben meist noch nicht fest.

Manchmal haben die Sättigungsbeilagen durch Größe und Konsistenz an einen Briefbeschwerer erinnert, machten aber eben tatsächlich satt, lieferten Energie und brachten Ballaststoffe in größeren Mengen in Umlauf. Und noch einen Vorteil haben sie: Meist darf man sich eine andere aussuchen als vorgesehen ist. Wer also statt Pommes frites lieber Salzkartoffeln hat, dürfte da auf das Verständnis der meisten Wirte stoßen.

Die Sättigungsbeilage kommt heutzutage im vornehmen Gewand daher, nennt sich „Duett" oder „Spiegel" und hat sich meist zur eleganten Begleiterscheinung gemausert. Das Vornehme an ihr ist geblieben: Typischerweise ist sie wenig beziehungsweise mild gewürzt, um den Charakter des Gerichts nicht zu beeinflussen. So stiehlt sie dem Fleisch nicht die Show. Gut so.

Ein weiterer Aspekt war das Anrichten der Sättigungsbeilagen. Früher gab es da genaue Vorgaben. Links vom Fleisch befand sich der Platz für die Sättigungsbeilage, rechts davon der für das Gemüse. Natürlich kann man die Sättigungsbeilage auch in Schüsseln anrichten, sodass jeder für sich entscheiden kann, wie voll er seinen Teller und dann seinen Mund nimmt. Das wäre die klassische Art, der Sättigungsbeilage den richtigen Platz zuzuweisen. Die kreative sieht so aus: Man richtet die Speisen am Teller so an, wie man es selbst für richtig hält, baut kleine Türmchen aus Gemüse, garniert sie mit getrocknetem Allerlei und verziert sie mit Blüten, um dem modernen Foodstyling gerecht zu werden. Satt wird man davon nicht, aber die Zeiten, als man mehr als 3.000 Kalorien am Tag gebraucht hat, sind längst vorbei.

Wer hat den ersten Knödel gemalt?

Welche Küche sich als „Erfinder" der Knödel bekennen darf, ist ziemlich umstritten. Da scheiden sich die Geister, die Gemüter gehen hoch. Die Bayern sind wohl die Ersten, die im Kampf um Namen und Knödellehre ganz vorne im Reigen der Klößchenverfechter mitzumischen versuchen. In Altbayern wurde der Knödel schon früh als bayerische Weltkugel definiert, Knödel und Schweinsbraten wurden ebenso wie die Weißwurst im 19. Jahrhundert zum Nationalgericht erklärt. Doch auch Tschechien buhlt eifrig um die Gunst des „Knedlíky" und reklamiert gar für sich, das „Königreich" des Knödels zu sein. Dass die Wiener Küche ihre Knödelverehrung der böhmischen Küche verdankt, ist aber ziemlich sicher eine Legende. Denn Knödel sind ein ganz typisches Gericht aus den Alpen, und das schon seit langer Zeit. Dafür gibt es jede Menge Beweise. Teigreste wurden bei Ausgrabungen in alten Siedlungen und bei Pfahlbauten gefunden. Diese belegen, dass schon damals Fleisch oder Obst mit einer Teigmasse eingehüllt, ein gehacktes oder geschabtes Fleischgemisch oder eine

Teigmasse zu runden Klumpen verarbeitet wurde. Diese waren leicht zuzubereiten und konnten – da man ja bis in die Barockzeit durchwegs mit den Fingern aß – mit einigem Anstand gegessen werden, ohne sich anzupatzen.

Das erste niedergeschriebene Knödelrezept geht ins 16. Jahrhundert zurück und stammt aus einem Kochbuch einer Tiroler Adelsfamilie.

Etwas leichter lässt sich die Frage beantworten, wer den ersten Knödel gemalt hat. Das war, wie es scheint, tatsächlich ein Tiroler. Denn die älteste bildliche Darstellung eines Knödels findet sich auf einem Fresko aus dem 12. Jahrhundert in der Burgkapelle von Hocheppan in Südtirol.

Wie bei so vielen Gerichten ranken sich die denkwürdigsten Geschichten um Knödel. So musste auch der/die/das Knödel herhalten und gelangte schließlich zu kabarettistischen Ehren durch einen Dialog zwischen Karl Valentin und Liesl Karlstadt, in dem er erklärt, dass Semmelknödel richtigerweise Semmelnknödeln heißen müssten, da sie ja aus mehreren Semmeln zubereitet werden.

In Wien wurden aufgrund der Beliebtheit der Semmeln die Semmelknödel zu einer Besonderheit: Das teure Gebäck hielt nicht lange und konnte so einer schmackhaften Wiederverwertung als Semmelwürfel zugeführt werden und als Beilage zu Braten dienen.

Auch andere Anekdoten kreisen rund um die Knödel, so auch diese sehr belustigende: Als ein böhmischer Kriegshaufen einst Deggendorf belagerte, wurden einige Kundschafter beim Überqueren der Stadtmauer mit Knödeln beworfen und berichteten daraufhin ihren Anführern, dass die Bevölkerung über so viel Essen verfüge, dass sie mit Knödeln schießen könne. Daraufhin seien die böhmischen Truppen frustriert abgezogen. Heißt es.

Das war aber nicht das einzige Mal, dass Knödel für „kriegerische" Zwecke eingesetzt wurden. Mit einer Knödelschussmaschine feuerte der Grafiker Helmut Winter im Jahr 1967 auf landende Starfighter, die über seinem Haus für höllischen Lärm sorgten.

Auch in der Literatur erlangten die Knödel literarische Bedeutung. Erich Kästner dichtete: „Als man einmal vom Essen sprach, da dachte Peter lange nach. Dann sagte er mit stiller Größe: Ich esse manchmal dreißig Klöße (...) Nach fünfzehn Klößen endlich sank er stöhnend von der Küchenbank."

„Knödel sind gesottene oder gebackene Ballen von sehr verschiedener Zusammensetzung und sehr verschiedener Größe, die in der Küche aus freier Hand geformt werden und nach ihren Hauptbestandteilen mannigfache Spezialnamen führen (...) Durch Beimengung in Milch erweichter Semmeln oder auch gerösteter Semmelwürfel entstehen die Semmelknödel, durch Beimengung angelaufener Speckwürfel die Speckknödel, durch Zusatz geschabter Leber die berühmten Leberknödel, durch Zusatz von gekochten und geriebenen Kartoffeln die Kartoffelknödel usw." So liest man bei Habs/Rosner 1894 über die Knödel, bei denen immer auch Mehl dabei war. Sie dienten als Zuspeise, Suppeneinlage und süße Mehlspeise – gefüllt mit Obst oder als Germknödel.

Eines ist sicher: Die Geschichte des Knödels ist nicht an Grenzen gebunden – wo seine Wurzeln liegen, das vermag niemand mehr so genau zu sagen. Dass sie einen hohen Stellenwert bei Frau und Herrn Österreicher haben, zeigt auch die Etablierung des Knödelhoroskops. Und das funktioniert so: Am Silvesterabend Knödel in eine Kasserolle einlegen – ob Speck, Spinat, Semmel- oder Wurstknödel, ist einem selbst überlassen –, es muss nur ein kleiner Zettel in jedem von ihnen stecken, auf dem man zuvor seine Wünsche, Hoffnungen und Träume geschrieben hat. Nach dem Einleger der Knödel ins heiße Wasser wartet man, bis der erste an die Oberfläche steigt. Der hält dann die Botschaft bereit, die einen das Neue Jahr über beglücken wird. Und die sich hoffentlich erfüllen wird!

Was schmeckt wirklich allen und immer?

In der Wiener Küche spielen Eier eine große Rolle. Neben Eierspeise, Spiegelei und Eierlikör erfreuen sich hier vor allem die Eiernockerln großer Beliebtheit. Der Grund: Sie sind schnell zubereitet und schmecken immer. Wirklich immer! Serviert wird diese Wiener Köstlichkeit gerne mit grünem Salat.

Aber Nockerln kommen auch gut und gerne ohne Eier aus. Und sind als Sättigungsbeilage an der Seite von Gulasch und anderen Gerichten ein formidabler Begleiter.

Wer seine Nockerln perfekt haben möchte, macht Folgendes: in leicht gesalzenem, wallendem Wasser, exakt 6 Minuten kochen. Dann auf die Seite ziehen, mit einem Schöpfer kalten Wasser abschrecken, zudecken und ziehen lassen. Nach etwa einer halben bis dreiviertel Stunde gehen die Nockerln genau richtig auf!

Was macht das Kraut nicht fett?

Schon wieder eine der unzähligen Wiener Redensarten, die sich einer Speise bemächtigt, um damit ein Gefühl, einen Zustand zum Ausdruck zu bringen. Diesmal muss das Kraut den Kopf hinhalten. „Das macht das Kraut nicht fett" bedeutet, das hat nichts zu sagen, das ist nicht entscheidend, ergo unbedeutend, das macht eine Sache nicht besser.

Die Ursache für diese Redewendung hat natürlich etwas mit dem Essen zu tun. Diesmal mit dem Krautgemüse, trifft aber auch auf den Kohl zu. Ohne Fleisch macht auch die Zugabe anderer Zutaten das Kraut bzw. den Kohl nicht fett. Schmeckt also nach nichts. Angeblich stammt der Spruch aus dem 17. Jahrhundert. Zum Kraut gehört eben ein gutes Stück Fleisch, das war damals die vorherrschende Ansicht, diese Sichtweise hat sich zum Glück verändert.

Wenn das Krautgericht langweilig schmeckt, gibt es auch einen einfachen Trick: in etwas Zucker anrösten. Durch die Karamellisierung wird der Geschmack des Krauts besonders fein.

Wie bekommt man das junge Gemüse still?

Die Bezeichnung „Junges Gemüse", die im übertragenen Sinn für unerfahrene jüngere Menschen steht, leitet sich vom Verhalten jener Kinder ab, die herumtoben und dabei chaotisch, wirr durcheinanderlaufen – vergleichbar mit dem Durcheinander einer Speise, die aus verschiedenen Gemüsearten besteht. Spätestens am Teller wird nicht mehr herumgetobt. Da ist auch das junge Gemüse still – schließlich wurde es gerade gebacken oder mit Einbrenn serviert. Denn so lieben die Österreicher ihr Gemüse: im Teigmantel verpackt. Oder mit einer Schicht Einbrenn umhüllt.

Wichtig beim Herausbacken: Das Fett muss vor dem Einlegen des Backgutes richtig heiß sein. Sonst saugt es sich voll und wird eher fett als knusprig. Die richtige Temperatur liegt zwischen 170 und 190 Grad.
Trick 17: Den Stiel eines Holzkochlöffels in das heiße Fett halten. Bilden sich kleine Bläschen, ist es heiß.

Bist deppert, Oida?

Karfiol, Erdäpfel, Paradeiser versus Blumenkohl, Kartoffeln und Tomaten – wie nennt man das Ding denn jetzt beim Namen? Und vor allem bei welchem?

„Marille" ist bisher nicht „gefährdet", sagt Peter Wiesinger, emeritierter Professor der Sprachwissenschaft der Uni Wien, doch vielen anderen Wörtern geht es an den Kragen. Die österreichische Variante des Hochdeutschen wird immer weiter zurückgedrängt. Mit ein Grund: Schon in Kinderbüchern tummeln sich bundesdeutsche Ausdrücke und im Kinderfernsehen sowieso. So wird der jungen Generation der Unterschied zwischen Norddeutsch und Süddeutsch, zu dem das Österreichische zählt, immer weniger bewusst. Das Wienerische geht langsam unter oder wird in Sachen Coolness von der hochdeutschsprachigen Jugend lässig eingestreut: „Bist deppert, Oida?"

Wien war schon einmal einer sprachlichen Umwälzung unterzogen. Ab den 1850er-Jahren wanderten hunderttausende Menschen, vor allem aus Böhmen und Mähren, in die Stadt. Bis 1910 war sie zur siebtgrößten Millionenstadt der Welt angewachsen. Der starke Zuzug und die Durchmischung der Einwanderer formten damals den Wiener Dialekt.

Aber gehen wir noch einen Schritt zurück. Denn nicht nur Einwanderer und Heimkehrer haben den Sprachgebrauch geformt, auch Entdecker und ihre „Mitbringsel" aus fernen Ländern. Als Kolumbus Amerika entdeckt hatte, kamen kurz danach viele neue Früchte nach Europa. Unter anderem eine Frucht, die große Ähnlichkeiten mit einem Apfel hatte. Also nannte man diese Frucht im Süden des deutschen Sprachraums „Paradeis-Apfel". Im Italienischen bekam sie den Namen „Goldapfel". Pomodoro leitet sich von ital. pomo für „Apfelfrucht" ab und geht auf lat. pomum „Frucht" zurück. Und doro ist ein zusammengezogenes d'oro, „von Gold". Die goldene Farbe kam deshalb ins Spiel, weil die ersten Tomatensorten gelb waren.

Zur selben Zeit kam auch eine knollige Frucht nach Europa, die unter der Erde wuchs. Sie sah ebenfalls einem Apfel oder einer Birne ähnlich. Also hieß diese Frucht „Erd-Apfel" bzw. „Grund-Birne". Die „Grumba" findet man noch im Dialekt des Südburgenlandes, während der Erdapfel sich in ganz Österreich durchsetzte.

Wer Paradeiser und Erdäpfel aus der Speis' holt und den Karfiol aus dem Eiskasten, der ist ganz sicher des Wienerischen mächtig – go for it!

Wie gesund ist Wiens Bürgermeister?

Auch nach gründlichem Forschen ist es nicht gelungen, zwischen dem Wiener Bürgermeister Michael Häupl und dem Häuptelsalat eine in irgendeiner Art verwandte Seele zu finden. Aber wenn man es genau betrachtet, gibt es doch Parallelen. Der Häuptelsalat setzt gerne seinen Kopf durch. Und zwar von Natur aus. Der Bürgermeister auch. Der heutige Häuptelsalat ist eine Züchtung des wilden Zaunlattichs (Kompasslattichs). Der Bürgermeister kann auch ab und zu wild werden. Der Häuptelsalat hat großlappige Blätter. Der Bürgermeister riskiert ab und zu eine große Lippe. Meist aber für das Wohl seiner Bürger. So wie der Salat – auch er bringt mit seinen knackigen, frischen Blättern Vitamin C und reichlich Eisen in den Privat-Haushalt.

Eine Studie zeigte jetzt, dass Salat nachweislich ganz hervorragend dazu geeignet ist, beim Menschen den Vitalstoffspiegel im Blut ansteigen zu lassen – sagt das Zentrum der Gesundheit. Na ob da der Bürgermeister mithalten kann. Eines ist aber sicher: Beide haben Köpfchen.

Wer hat das Bummerl?

Wer einen Bummerlsalat auftischt, hat damit ein Ass im Ärmel. So ein Salat ist ein kleines, rundliches Ding, ein Kopfsalat eben, oder ein Bummerl. Und das Ass im Ärmel kommt daher, dass der Salat meist knackig frisch schmeckt. Das liegt an seinen festen Blättern, die er zu einem kompakten, geschlossenen Kopf trägt. Bummerlsalat ist in Österreich meist Eisbergsalat. Und wird bis zu eineinhalb Kilogramm schwer. Der Bummerlsalat lässt sich leicht zerpflücken, hat man mal seinen Strunk entfernt.

Sonst ist an dem Salat eigentlich nichts Besonderes. Außer, dass hier wieder wie so oft die Semantik zugeschlagen hat und sich des Bummerls bemächtigt. Beim Schnapsen nämlich. Nein, nicht beim Trinken, beim Kartenspiel.

Wer beim Spielen ein Bummerl erwirtschaftet hat, kann zwar versuchen, seinen Mitspielern noch aufzutischen, dass ihm das normalerweise nicht zusteht – nur heute kommt ihm diese kleine Pechsträhne dazwischen – aber Bummerl bleibt eben Bummerl. Und damit hat man auch schon verloren. Zumindest beim Schnapsen. Davon leitet sich die Redewendung ab: Ana hot oiwei des Bummerl (Einer hat immer das Bummerl). Aber es kommt noch schlimmer: Wer ein Bummerl hat, hat den Salat. Na eben.

Also: „das Bummerl haben" – beim Schnapsen verlieren oder der Gefoppte sein. „Da haben wir den Salat" – sagt man, wenn sich etwas Unangenehmes ereignet hat, wenn etwas in die Hose gegangen ist

So geht's: Schnapsen wird (hier der Einfachheit halber) zu zweit mit einem Blatt aus 20 Karten gespielt. Jeder Spieler erhält zunächst 5 Karten, die restlichen Karten werden verdeckt als Talon zur Seite gelegt. Eine Karte wird als Trumpf aufgedeckt. Das Spielziel ist es, vor dem Gegner 66 Augen zu erzielen oder den letzten Stich zu machen. Die Anzahl der Siegerpunkte ist abhängig von der Augenzahl des Verlierers. Eine Partie Schnapsen wird auf 7 Punkte gespielt, die von oben nach unten abgeschrieben werden. Wer zuerst 0 Punkte erreicht, gewinnt diese und der Verlierer schreibt ein Bummerl.

Sugar, Babe?

Die Wiener müssen echte Zuckergoscherln sein. Denn in kaum einem anderen (Bundes-)Land schafft es der Industriezucker sogar in die Salatmarinade. Aber in Wien geht es nicht anders. Da kann die Nouvelle Cuisine sich noch tagelang Gedanken darüber machen, ob beim Anrühren der Salatmarinaden zuerst Öl oder Essig fließen soll, damit die beiden Zutaten sich gut verbinden. Egal. Hauptsache der Teelöffel Zucker kommt dazu, macht den Essig ein bisschen weniger scharf und die Marinade eine Spur lieblicher. Da hilft auch Kopfschütteln nichts. Das liebste Salatgewürz der Wiener ist und bleibt der Zucker.

SWEETS FOR MY SWEET, SUGAR FOR MY HONEY

Frei übersetzt: Apfelstrudel,
Sachertorte, Punschkrapferl,
Palatschinken etc.
für meine Süße,
Zucker für mein Honigpferdchen

Anna Sacher

Wen oder was kochen die Wiener ohne alles ein?

„Des is ma Powidl" – damit meint der waschechte Wiener eigentlich nur eines: Das ist ihm egal. Für alle Nichtvegetarier geht auch: „des is ma wurscht" oder „blunzn". Das zeigt wieder einmal, dass sich die Wiener Küche nicht auf den Magen schlägt, sondern auf die Sprache. Wie so oft wird dann eine Speise zum Handlanger, wird einverleibt in den Sprachalltag, darf sich nicht drücken, sondern muss ausdrücken, dass dem Wiener etwas (wie in diesem Fall) wirklich gleichgültig ist und er dazu ausnahmsweise keine Meinung hat.

Zurück zum Powidl, zu der herrlich süßen, dunklen Masse, die aus Germknödeln und Buchteln quillt und deren Herstellung alles andere als Powidl ist. Denn – und das ist dem Wiener nicht wurscht: Zwetschken sind keine Pflaumen und Powidl ist keine Marmelade. Und schon gar keine Konfitüre.

Der Powidel – man kann ihn auch mit e vor dem l schreiben, das tut seinem Geschmack keinen Abbruch

– wird traditionell ohne alles eingekocht. Also ohne Zucker und ohne Geliermittel. Braucht er nicht. Die Zwetschken oder auch Zwetschgen, aus denen der Powidl gemacht wird, sind süß genug. Dass der Powidl fertig ist, erkennt man daran, dass die dunkelviolette Masse schon in heißem Zustand streichfähig ist. „Ich bin streichfähig" – das kann der Powidl mit ruhigem Gewissen von sich behaupten. Womit wir wieder bei der Semantik wären und welche Rolle unsere Nahrungsmittel dabei spielen.

Noch ein kleiner geschichtlicher Nachschlag: Der Powidl hat sich zusammen mit den Buchteln aus den ehemaligen Kronländern, genauer gesagt Böhmen, zu uns auf den Weg gemacht. Von der Maschek-Seite also. Aus Böhmen und Mähren kam ja einiges zu uns, das uns jetzt noch erfreut: Kafka, Hašek und Werfel oder Dvořák, Smetana oder Mahler – und natürlich Sigmund Freud! (Das Bier nicht zu vergessen – aber dazu später.)

Also: „Des is ma Powidl" = „des is ma wurscht" = das ist mir egal
Maschek-Seite: von der Rückseite, der Kehrseite (von ungarisch a másik, dt. der andere)

Buchteln oder Wuchteln?

Die einen kann man vernaschen: Buchteln. Das andere ist ein Schmäh: Erzähl mir keine Wuchteln. Trotzdem kommen die beiden Begriffe immer wieder durcheinander, die Wuchtel muss oft für die Buchtel herhalten und umgekehrt. Für das sprachliche Misch-Masch ist meist das österreichische Ost-West-Gefälle zuständig. Die einen kennen die Süßspeise nur so, die anderen nur so. Macht aber nichts. Denn im Wienerischen, wenn sehr „schlaumpad" gesprochen wird, sind b und w kaum auseinander zu halten. Wenn man also nicht genau weiß, ob man nun Buchteln oder Wuchteln bestellen möchte, nuschelt man einfach ein bisschen.

Angeblich sind „Buchteln" ein hochdeutscher Ausdruck, verfolgt man aber ihre Geschichte, landet man bei den Begriffen „buchtičky" aus dem ehemaligen Böhmen, „bukta" nennt man die Süßspeise in Ungarn und „buchty" in der Slowakei. Ungefüllt und etwas kleiner, aber dafür mit Vanillesauce kommen sie unter dem Deckmantel der Dukatenbuchteln auf den Tisch.

Natürlich gibt es zu dem beliebten Germ-/Hefege-
bäck, das sich aus der böhmisch-tschechischen Küche
zu uns her verirrt hat, auch eine Wuchtel zu erzählen.
Und die geht so: In der Biedermeierzeit gab es angeblich einen äußerst geschäftstüchtigen Wirt, der Lotte-
riescheine in den Buchteln mitbuk – daher der Name
Dukatenbuchteln. Irgendwie eine coole Idee …

*Also: Wuchtel: Scherz, Gag, Schmäh, aber auch der
Fußball kann damit gemeint sein*

Was sollte man keinesfalls aus der Wiener Süßspeisen-Küche entfernen?

Manch einer versteht unter einem Zwetschkenfleck einen Obst-Fleck auf seiner Kleidung. Tatsächlich handelt es sich um ein traditionelles Dessert aus der Wiener Küche, fast so berühmt wie der Apfelstrudel und in so gut wie jedem Wiener Kaffeehaus zu haben.

Doch Vorsicht: Auch beim Essen muss es geordnet zugehen. So ist der Fleck nur dann ein Fleck, wenn dieser aus Germteig ist, alles andere ist ein Kuchen. Die Zwetschken selbst können außerdem nicht einfach irgendwie auf dem guten Germteig landen. Nein, sie haben schon eine bestimmte Ordnung einzuhalten. Die Zwetschken gehören der Breite nach bis zur Hälfte eingeschnitten und dann dachziegelartig mit den Zipfeln nach oben auf den Teig gelegt.

Und eigentlich reicht zu einem wirklich guten Zwetschkenfleck der oben erwähnte Germteig, Zwetschken und natürlich Streusel, auf andere Zutaten wie Vanillesauce oder Crème fraîche kann man gut und gerne verzichten.

Die Steigerungsstufe zu dem ohnehin formidablen Kuchen geht dann so: Den heißen Fleck mit einer mit Slibowitz angerührten Marillenmarmelade bestreichen.

Was aßen die armen Ritter?

Das Schöne an der Wiener Küche sind doch – neben dem vortrefflichen Geschmack – die Geschichten, die dahinter lauern und etwas über den Kern der Sache verraten. Und natürlich – wie im Falle der armen Ritter – die Möglichkeit, einem Gericht gleich einige Namen zu verleihen. Und so aus der Speise eine Leibspeise zu machen.

„Zwetschkenpofesen", „Brotkrapfen", „Semmelfische", „Armer Mann", „Kartäuserknödel", „Brudernudeln", „Reitzerl'", „Schnittlen" und noch einige mehr – die armen Ritter haben auf ihrem Streifzug durch die Küchen einiger Länder wahrlich viele Namen abgestaubt. Sie hatten aber auch genügend Zeit dazu. Schließlich taucht der Name dieses Gerichts schon im „Buch von der guten Speise" aus dem 14. Jahrhundert auf, dem ältesten deutschsprachigen Kochbuch.

Aber auch die Römer mischten mit, wenn es um dieses Gericht geht. Sie nahmen abgebrochene Siligenen (Winterweizengebäck), machten größere Häppchen, tauchten sie in Milch, rösteten sie in Öl und übergossen sie mit Honig. Und ließen sich die Speise auf der Zunge zergehen. So steht es zumindest in dem antiken römischen Kochbuch „De re coquinaria". Marcus Gavius Apiciu – ein römischer Feinschmecker der Antike, heute würde er Gourmetkritiker heißen – nannte die Speise „aliter dulcia" – die etwas andere Süßigkeit.

Wahr oder nicht wahr, wer weiß, auch diese Geschichte steckt hinter der Entstehung der Armen Ritter. Im Mittelalter traf man sich zu Ritterspielen und Gauklermärkten. Während sich die edlen Ritter damals an großen Tafeln ihren Wanst vollschlugen, blieb für die Knappen häufig nur ein altes Graubrot übrig. Um dies ein wenig gehaltvoller zu machen, wurde es in eine Mischung aus Milch oder Rahm und Eiern getunkt und schließlich in Butterschmalz angebraten. Fertig war der „Arme Ritter" – oder auch die „Güldene Schnitte", wie dieser Happen dank seiner goldgelben Farbe lange Zeit genannt wurde.

Ob die Armen Ritter nun den verarmten Adel im Mittelalter satt bekamen, oder doch etwas mit Äpfeln zu tun haben, die wiederum in einem anderen Rezept auftauchen – wer weiß. Eines ist sicher: Arme Ritter gibt es jetzt noch auf der ganzen Welt. Natürlich haben sie auch hier ihre Decknamen: In England heißen die Brotscheiben „Poor Knights", bei den Amerikanern werden sie als „French Toast" verkauft. Die

Franzosen hingegen nennen das Gericht „Pain Perdu" und die Spanier „Torrijas", die Österreicher „Pofesen" und bei den Portugiesen werden in der Weihnachtszeit gern „Rabanadas" zubereitet. Mahlzeit, kann man da nur sagen!

Den Wiener Wäschermädeln zuschauen oder sie lieber doch essen?

Fidel und lustig: Der Name „Wiener Wäschermädeln"
kommt von einem Berufsstand, der im Wien des 19.
Jahrhunderts weit verbreitet war und den Ruf hatte,
fröhlich und lebenslustig zu sein. Der österreichische
Maler und Bildhauer Josef Anton Engelhart hat sie in
seinem Bild „Ball auf der Hängstatt" aus dem Jahr
1890 verewigt. Und zeigt die „Wäschermädeln" fröhlich beim Tanz.

Ob die Arbeit immer so fröhlich war, sei dahinge-
stellt. Das Rezept an sich macht aber sicher gute Laune:

*Die Marillen werden kurz blanchiert, die Steine entfernt
und gegen kleine Kugeln aus Marzipan getauscht. (Bei
der Vorstellung läuft einem schon das Wasser im Mund
zusammen). Jetzt kommt's: Dann wird das Marillen-
Marzipan-Gemisch durch einen Backteig gezogen und
die Wäschermädeln in heißem Fett goldbraun ausgebacken. Danach auf Küchenpapier abtropfen lassen und
vor dem Servieren mit Staubzucker bestreuen.
Trick 17: Die gefüllten Marillen in Erdäpfelstärkemehl
wenden – dadurch haftet der Backteig besser.*

Welche Wiener Mehlspeise war für eine Radio-Sendung namensgebend?

Der Gugelhupf – ein Name, viele Ursprungstheorien. Soviel ist sicher: „Gugele", die umgangssprachliche Version von „Cucullus", lateinisch für Kapuze, bildet den Ursprung für den „Gugel" in „Gugelhupf". Ob jetzt allerdings der Name daher rührt, dass die Wiener Marktfrauen einen Napfkuchen auf dem Kopf transportiert hatten, der in seiner Form einer Kapuze ähnelte, oder ob die Süßspeise ihren Namen deswegen hat, weil junge Mönche, die man aufgrund ihrer Kapuze auch „Gugelfranzen" nannte, beim Eintritt ins Kloster ein Festgebäck, ähnlich dem Gugelhupf, serviert bekamen, kann man nicht mit Sicherheit sagen. Vielleicht heißt der „Gugelhupf" aber auch nur so, weil der Teig beim Backen wie „eine Kugel aufhupft".

Beim Gugelhupf dürfte es sich jedenfalls um ein altes Kultgebäck handeln, da man die Form des Gugelhupfs als Sonnenwirbel deutete und der Kuchen auch im Jahresbrauchtum zu finden ist. Bronzebackformen, die unseren Guglhupfmodeln ähnlich sind und in Carnuntum ausgegraben wurden, geben einen deutlichen Hinweis darauf, dass auch die Römer einen ähnlichen Kuchen verspeist haben. Aschkuchen (in der Asche des offenen Herds gebacken), Bundkuchen (Erinnerung an den Türkenbund?), Schneckenkuchen und Topfkuchen sind nur einige der Bezeichnungen, die für den Gugelhupf stehen.

Der Gugelhupf zählte wie erwähnt als Liebesbeweis: Zumindest zwischen dem österreichischen Kaiser Franz Joseph I. und seiner Geliebten Katharina Schratt. Ein süßes Paar. Der Kaiser liebte den Gugelhupf, den sie für ihn frisch aus der Konditorei Zauner anliefern ließ. Bekannt dafür, dass er sein zweites Frühstück bei ihr einnahm, bevor er auf die Jagd ging und dazu über den Steinkogel musste, hörte man es gerne munkeln: „Jetzt hat der Kaiser grad' wieder sein' Steinkogler Gugelhupf verspeist!" Angeblich brachte er seiner Katharina Krapfen vom Demel mit, dem Hof-Zuckerbäcker. So kann man sich das Leben versüßen.

Auch in weniger adeligen Kreisen war Gugelhupf ein fester Bestandteil der Frühstückstafel an Sonn- und Festtagen sowie zur Kaffeejause. Mit oder ohne Rosinen, marmoriert, mit oder ohne Schokoladeglasur oder auf Altwiener Art mit gestiftelten Mandeln bestückt, war er einst so etwas wie ein bürgerliches Statussymbol für Wohlstand.

Am Gugelhupf streiten sich die Geister, welche Variante die beste sei. Kein Wunder, dass es ihn in vielen Ausführungen gibt: Der Marmorgugelhupf zählt zu den beliebtesten seiner Art. Ein Exot ist der Patzerlgugelhupf, der offenbar seine Entstehung den aus Böhmen stammenden Buchteln mit ihrer Fülle aus Powidl, Topfen, Mohn und Nüssen verdankt. Patzerln sind mittelgroße Teigklumpen, die gefüllt werden und so gegeneinander versetzt in die Gugelhupfform gegeben werden, dass beim Anschneiden von jeder Fülle etwas im Kuchenstück ist. Und: Es soll sogar Menschen geben, die den Gugelhupf lieben, auch wenn er sitzen geblieben ist (oder gerade deswegen).

Irgendwie hat man das Gefühl, der Gugelhupf inspiriert durch seine Form die Möglichkeiten seiner Fülle. Beim Anschneiden wird die Überraschung sichtbar, die sich die Köchin oder der Koch einfallen hat lassen.

Und – der Gugelhupf hat es sogar ins Radio geschafft. Nicht zum Vernaschen, sondern zum Lauschen: „Der Guglhupf" ist der Titel einer Kabarettsendung, die von 1978 bis 2009 wöchentlich auf Radio Öl ausgestrahlt wurde. Am besten genoss man sie mit einem Stück Gugelhupf am Teller.

Wer rettete Kaiserin Sisis Model-Figur?

So ein Schmarren – sagt man bei uns, wenn man von einer Sache nicht viel hält. Über den Kaiserschmarren kann man das nicht sagen. Zum Glück: Der schmeckt eigentlich immer. Ganz unabhängig davon, wie er fabriziert wird. Und welche seiner vielen Entstehungsgeschichten dahinter stecken. Ist doch schön, wenn sich um eine einzige Speise – und noch so eine köstliche dazu – so viele Geschichten ranken.

Eine, die gerne erzählt wird, handelt von einem Hofzuckerbäcker, der für die fast schon krankhaft figurbewusste, aber dennoch nach Süßem süchtige Kaiserin Elisabeth von Österreich leichte Desserts kreieren musste. Als er mit einer neuen Komposition aus Omeletteteig und Zwetschkenröster in der kulinarischen Gunst der Kaiserin einmal arg abstürzte, sprang Seine Majestät Kaiser Franz Joseph I. in die Bresche und aß die Portion der Kaiserin mit den Worten: „Na geb' er mir halt her den Schmarren, den unser Leopold da wieder z'sammkocht hat!", auf. Ob Sisi den Kaiserschmarren dann mit anderen Augen sehen konnte, kann nicht bestätigt werden.

Ein anderes Gerücht berichtet von einer kaiserlichen Jagd, die auf einer Hütte endete, deren Senner – in Österreich auch „Kaser" genannt – dem Kaiser einen „Kaserschmarren" vorsetzte. Ein Gericht aus Milch, Rosinen und Eiern. Wie es heißt, soll der Kaiser dermaßen begeistert gewesen sein, dass er das Gericht ohne Zaudern in „Kaiserschmarren" umtaufte. Eines dürfte sicher sein: Dem Kaiser hat der Schmarren geschmeckt.

„Ursprünglich war der Schmarren ein ländlich-bäuerliches Gericht, abgeleitet von Schmer für Schmalz", erklärt die bekannte Wiener Köchin und Kochbuchautorin Andrea Karrer. „Die deftige Mahlzeit wurde vor allem von Holzfällern und Sennern am offenen Feuer zubereitet und gab Kraft für den langen Arbeitstag." Wie gesagt: schön, dass sich so viele Geschichten um diese süße Speise ranken. Das alleine ist schon Grund genug, sie immer wieder zuzubereiten.

Tricks, wie man den Kaiserschmarren noch flaumiger macht: Man nimmt etwas weniger Milch, dafür einige Löffel Sauerrahm – ist Reinhard Gerer überzeugt. Ein anderer Tipp ist, einen Schuss Mineralwasser mit Kohlensäure zum Teig dazuzugeben. Und der Tiroler Spitzenkoch Siegfried Kröpfl (25 Jahre lang Küchenchef im Hotel Imperial) karamellisiert ihn. Hier sein Rezept:

Zutaten:
4 Eier
30 g Zucker
1/4 l Milch
120 g Mehl
Salz
50 g Butter
30 g Rosinen
Staubzucker zum Bestreuen

Milch und Mehl zu einem glatten Teig verrühren. Etwas Salz und den Zucker dazugeben. Eidotter einrühren. Eiklar aufschlagen und unter die Masse heben. In einer Pfanne etwas Butter erhitzen und die Masse eingießen. Rosinen beimengen und im Rohr ca. 10 Minuten bei 180 °C backen. Den Schmarren aus dem Rohr nehmen und in kleine Stücke schneiden. Etwas Zucker beigeben und karamellisieren. Kurz durchschwenken, mit Staubzucker bestreuen und servieren.
Eine ungewöhnliche Idee stammt von der Haubenköchin Johanna Maier: Sie macht ihn mit Bergkäse und reicht dazu Apfel-Walnuss-Salat.

Wieviel Palat ist in der Schinke?

Die Palatschinke ist geduldig. Sie lässt sich wickeln und rollen, zu Dreiecken formen und mit allerlei guten Sachen füllen: Eis, Nutella, Obst, Topfen, Schokolade, Gemüse. Pikant heißt sie dann zwar meist Omelett und hat andere Ingredienzen. Die Kenner der Palatschinke wissen: Sie ist nur echt, wenn sie mit Marillenmarmelade gefüllt, gerollt und dann mit Staubzucker verfeinert wird. Mit Schinken jedoch hat die Palatschinke absolut nichts zu tun. Auch wenn ihr Name das vermuten lässt. Sie schmecken erst so richtig köstlich, wenn bei der Aussprache ihres Namens auf die korrekte Betonung „-tschinken" geachtet und die Vorsilbe „Pala-" eher weniger betont wird. Das nur als kleiner Hinweis, aber aufpassen: Mit vollem Mund spricht man nicht. Dafür kann man, während man eine Palatschinke verspeist, über ihre Herkunft nachgrübeln.

Wie so oft in der Wiener Küche hat auch die Palatschinke einen Migrationshintergrund. Woher sie stammt? In Tschechien heißen sie „palačinky", dies bezeichnet einen dünnen Pfannkuchen. Doch ihren Weg zu uns fand sie erst über Ungarn. Oder stammt sie vielleicht doch aus Böhmen? Die Quellen sind sich nicht ganz einig.

Begonnen hat aber alles mit der Urform der Palatschinke, einem dünnen, gießfähigen Brei aus Getreide und Wasser, aus dem einfache Fladen auf Steinen gebacken wurden. Auch die alten Römer wollen wieder einmal mitmischen, wenn es um die Herkunftssuche der Palatschinken geht. Gräbt man nach dem Ursprung dieses markanten Namens, so landet man bei „placenta", also dem Urahnen der Palatschinke. Bei den Römern war der Eierkuchen möglicherweise ein Ersatz für Brot. Die Herkunftssuche geht weiter: Aus „placenta" wurde später in Rumänien „plăcintă", in Ungarn „palacsinta", bis schließlich in der vielfältigen Küche der ehemaligen Habsburgermonarchie „palačinky" (Slowakei), „palačinka" (Tschechien) und „palačinke" (Kroatien) auftauchten, die damit namensmäßig zu den direkten Vorfahren unserer Palatschinke wurden.

Zur Zeit der Österreich-Ungarischen K.-u.-k.-Monarchie fanden viele Wörter der deutschen wie der ungarischen Sprache den Weg in den Sprachgebrauch des jeweils anderen Landes. Genauso tauschte man damals Rezepte aus, und die in Ungarn so beliebte palacsinta (man denke nur an die göttliche Gundel-Palatschinke in dem gleichnamigen legendären Restaurant in Budapest) fand schnell ihren Weg in österreichische Küchen und Münder. Zu dieser Zeit wurde das für deutsche Zungen schwer auszusprechende palacsinta zu seiner eingedeutschten Form der Palatschinke. Unter dem heutigen Namen sind Palatschinken erst seit dem 19. Jahrhundert bekannt.

Da man für den Pfannkuchen nur einfache und auch im Altertum in jedem Haushalt verfügbare Zutaten benötigte, haben sich Palatschinken-Rezepte schon damals in allen sozialen Schichten wiedergefunden. Die Verfeinerung mit Früchten, über die auch ärmere Haushalte verfügten, waren genauso üblich wie Varianten mit teureren Zutaten, die sich nur Reiche leisten konnten.

Palatschinken gehören zum Triumvirat der Wiener K.-u.-K.-Mehlspeisenküche, so wie auch Kaiserschmarren und Besoffener Kapuziner, und haben die ganze Welt um den Finger gewickelt.

Sacher oder Wider-Sacher?

Oh, dieser alte Streit! Ein Streit, der die Welt jahrelang in Atem gehalten hat, jedenfalls die Welt der Zuckergoscherln, Konditoren und Zuckerbäcker. In deren heimlicher Hauptstadt Wien war eine wesentliche Frage lange Zeit ungeklärt: Wem „gehört" die Sacher-Torte? Dieses süße Stück Wien – die wohl berühmteste Torte der Welt.

Auftritt der Kontrahenten. Beide residieren in ehrwürdigen Häusern in der Inneren Stadt von Wien, beide sind Magneten für jeden Zuckersüchtigen: das Hotel Sacher an der Philharmonikerstraße und das Café Demel am Kohlmarkt. Der Fall scheint klar: Dort, wo Sacher drauf steht, ist auch Sacher drin. Doch weit gefehlt. Der Herr Sacher erfand 1832 zwar die Torte und ist Namenspatron des späteren Hotels. Doch Sacher hat seine Sachertorte nicht im Sacher erfunden. „Er war bei uns Lehrling", sagt man beim Demel und schwört darauf, dass die berühmte Torte hier erfunden wurde. Und wie urteilten die Gerichte? Im Demel muss die Torte Demel-Sacher-Torte heißen, im Sacher darf Original-Sacher-Torte drauf stehen.

So einfach ist das. Der Streit beschäftigte Generationen von Anwälten und Richtern. Doch die Kontrahenten haben ihr Geld gut investiert, der Streit war die beste Werbung, die man sich vorstellen kann. Wer den Unterschied schmecken will, probiert am besten beide Torten aus.

Die österreichische Sachertorte ist eine glasierte Schokoladentorte mit Aprikosenmarmelade als Füllung in der Mitte (im Hotel Sacher) oder als Aprikotierung direkt unter der Glasur (in der Konditorei Demel).

Die Suche nach dem Original-Rezept schlägt Kapriolen. Und ließ auch Friedrich Torberg ein Wörtchen mitreden. Hier ein Auszug aus „Traktat über das Wiener Kaffeehaus. Sacher und Wider-Sacher, Café de l'Europe – Café Imperial, aus: Die Tante Jolesch oder Der Untergang des Abendlandes in Anekdoten, München 1975":

„(...) Was hingegen die Sachertorte betrifft, so beharre ich auf meiner schon vor dem Gericht – oder, um gastronomischen Doppeldeutigkeiten vorzubeugen: vor dem Gerichtshof – gemachten Aussage, dass die Original-Sachertorte zu Anna Sachers Lebzeiten in der Mitte nicht durchgeschnitten und nicht mit Marmelade gefüllt war; dass lediglich unter der Schokoladeglasur, um sie der Tortenmasse haltbar zu verschwistern, eine dünne Marmeladenschicht angebracht wurde; und dass die Torte in dieser originalen

Form heute nicht von dem in andere Hände übergegangenen Hotel Sacher, sondern von der Konditorei Demel hergestellt wird, die das Rezept in den Dreissigerjahren von Eduard Sacher, dem letzten männlichen Spross des Hauses, erworben hat. Mit dieser Aussage bin ich im Lager der Verlierer. Denn das Oberlandesgericht hat jetzt als II. Instanz den seit vielen Jahren anhängigen Rechtsstreit zugunsten des Hotels entschieden und ihm das alleinige Recht zuerkannt, die Bezeichnung ‚Original-Sachertorte‘ und das schokoladene Rundsiegel zu verwenden, indessen Demel seine Sachertorte nur mit einem dreieckigen Siegel versehen und sie nur so bezeichnen darf, wie sie auf Grund eines längst zum Allgemeingut gewordenen Rezeptes von jedem Kochbuch bezeichnet wird, nämlich als ‚Sachertorte‘.“

Jedenfalls muss sich die verwirrte Nachwelt damit abfinden, dass es zwei Original-Sachertorten gibt, eine ursprüngliche und eine spätere, eine aus dem 19. Jahrhundert und eine aus dem zweiten Jahrzehnt des 20., und dass – was bei Originalen nicht just die Regel ist – das spätere den Vorrang vor dem früheren hat, ja die Original-Existenz des früheren geradezu auslöscht.

Sowohl Sacher als auch Demel geben an, Originalrezepte zu verwenden. Beide halten die Rezepte unter strengem Verschluss, bewahren sie wie einen großen

Schatz. Zu Recht, denn Nachahmer gibt es viele. Da die Sachertorte bereits im 19. Jahrhundert zu den populärsten Torten in Wien gehörte, wurde sie sehr bald von nahezu allen Konditoreien in irgendeiner Form kopiert. In der ersten Auflage der Süddeutschen Küche von Katharina Prato von 1858 gibt es zwar ein Rezept für eine Schokotorte mit „Marillensalse", es ist aber noch nicht die Sachertorte.

Die Autorin Petra Foede hat eine Übersicht verschiedener Sachertorten-Rezepte von 1881 bis heute zusammengestellt. Interessant ist, dass keines der älteren Rezepte die Marillenmarmelade in der horizontalen Mitte der Torte vorsieht. Aprikotiert wird immer direkt unter der Glasur. Der Teig ist in den meisten Rezepten eine so genannte Ei-Halbschwer-Masse, das bedeutet ein Verhältnis von 100 Ei : 50 Butter : 50 Mehl : 50 Zucker. Zur Herstellung der Schokoladenglasur im 19. Jahrhundert ist anzumerken, dass die damals erhältliche Blockschokolade wesentlich weniger Kakaobutter enthielt als die heutige, sodass beim Schmelzen Butter zugesetzt werden musste, um eine dickflüssige Masse zu erhalten. So, Anhaltspunkte genug, jetzt kann jeder seine eigene Sachertorte kreieren

Wie wird mit diffamierenden Speisenamen umgegangen?

Am 14. März 1888 wurde Verdis „Otello" in der Wiener Hofoper zum ersten Mal aufgeführt. Als Andenken an die Hauptfigur – einen Feldherren dunkler Hautfarbe – konnte man kurz darauf die passende Mehlspeise in vielen Wiener Kaffeehäusern finden: Mohr im Hemd. Dahinter verbirgt sich ein kleiner, dunkler Gugelhupf, der mit heißer Schokoladensoße übergossen und mit Schlagobers bestückt wird. Das Hemd bezieht sich auf die weiße Farbe des Schlagobers, das den Schokoladekuchen umhüllt. Der Mohr im Hemd hat sich in kürzester Zeit zu einem Publikumsliebling gemausert. Kein Wunder, da steckt auch nur Gutes drinnen: Schokolade, Brotbröseln, Zucker, Eidotter, Mandeln und Rotwein.

Heutzutage geht die Bezeichnung „Mohr im Hemd" nicht mehr so ohne weiteres über die Lippen. So mancher fragt sich, ob hinter der süßen Köstlichkeit nicht doch eine Portion Rassismus steckt. Wird der Mohr im Hemd bald von der Bühne der Süßspeisen abtreten müssen und unter anderem Decknamen wieder auftauchen? Der Mohr im Hemd ist nicht der einzige, dem es bald an den Kragen gehen wird. Alteingesessene Bezeichnungen für Speisen wie das „Zigeunerschnitzel" oder „Negerbrot" zeigen, dass es beim Essen auch gleich ans Eingemachte gehen kann.

Der Auszug aus dem „Rassismus Report 2006" von ZARA bringt es auf den Punkt. (...) Grundsätzlich geht es nicht nur um das Wort, sondern um den Inhalt, der mit dem Begriff einhergeht. Wichtig sind nicht einzelne Begriffe, sondern vielmehr, was sie transportieren und in welchem Zusammenhang sie stehen. Es gilt daher zu beachten, was die Geschichte eines Wortes ist und was die Geschichte hinter dem Wort bzw. der Sprache ist. Wenn wir erkennen, dass Unterdrückungsmechanismen auch durch die Sprache ihre Wirkung entfalten, dann müssen wir diese kennen, wenn wir sie brechen wollen. Drei Wörter, die einen bedeutenden geschichtlichen Hintergrund haben, sind „Mohr", „Neger" und „Schwarzafrikaner". Alle drei stehen im Kontext eines rassistischen Sprachgebrauchs und im weiteren Sinn im Kontext der Unterdrückung, Ausbeutung, Versklavung und Ermordung schwarzer Menschen. Der Begriff „Mohr", der eigentlich eine veraltete Bezeichnung ist, hält sich hartnäckig. So gibt es immer noch den so genannten „Meinlmohren", der die Kolonialgeschichte von Seiten der Kolonialherren und Kolonialfrauen erzählt. Er repräsentiert die sexistischexotistische Fantasie der Österreicher und Österreicherinnen. Auch der „Mohr im Hemd" bezieht sich auf die aus der „Ferne" kommenden Schokolade und spielt in diskriminierender Art und Weise auf die vermeintlich schokoladebraune Hautfarbe des so genannten „Mohren" an. Der Begriff „Mohr" wurde im Zuge der Kolonialgeschichte und der Sklaverei durch den Begriff „Neger" ersetzt. Dieser Wandel schlug sich in weiteren österreichischen Speisenamen wie „Negerbrot" und „Eisneger" nieder. Eines der wichtigsten Kriterien, um mit Sprache nicht zu verletzen, ist Respekt.

Es geht bei der Wahl der Wörter, die Menschen benennen, um Respekt vor eben diesen Menschen. Die Diffamierung von Menschen ist niemals eine Belanglosigkeit, selbst dann nicht, wenn sie unbewusst geschieht oder sich auf Traditionen bezieht. „Sprache ist eines der mächtigsten Mittel, das uns zur Verfügung steht." Und: „Sprache dient der Herstellung und Aufrechterhaltung sozialer Beziehungen und Systeme und ist das wichtigste Medium im Umgang der Menschen miteinander." So steht es in der Broschüre „Macht und Sprache", herausgegeben 2001 vom Bundesministerium für Bildung, Wissenschaft und Kultur.

Der Gastronomieverband empfiehlt schon seit einiger Zeit den Verzicht auf diskriminierende Speisenamen. Und das hat auch schon gewirkt. Immer wieder stößt

man nun auf „Kuchen mit Schlag" oder „Schokoku-
chen mit Schlag". Einbußen gibt es keine, die Süßspeise schmeckt auch ohne rassistischen Beige-
schmack. Es sei eine Sache der Gastfreundschaft,
von diesen Bezeichnungen abzusehen. Genauso geht
es mit den Bezeichnungen „Zigeunerschnitzel" und
„Negerbrot".

Wie hat ein Traum zur Rezeptur einer der bekanntesten Wiener Mehlspeisen geführt?

Wien macht mal wieder eine Ausnahme: Überall anders heißt die Süßspeise Milchrahmstrudel, nur in der Hauptstadt ist sie unter dem Namen Milli-rahmstrudel bekannt. Gesprochen Mülli. Eine der bairisch-österreichischen Lautformen für Milch ist nämlich Milli. Und beliebt ist sie auch. Kein Wunder, kommt doch alles hinein, was gut ist und schmeckt: Butter, Eier, Zucker, Milch, Topfen, Rahm, Rosinen und, und, und ...

Franz Stelzer (1842–1913), Gastwirt in Breitenfurt bei Wien, rühmte sich gerne als der Erfinder des Milchrahmstrudels. Die Legende erzählt, dass der Breitenfurter Wirt beim Kartenspiel eine Meierei gewann und dann gar nicht wusste, was er mit so viel Milch anfangen sollte. Im Traum erschien ihm seine verstorbene Mutter und verriet ihm, was er daraus Gutes machen konnte. Er verwendete die von seiner Mutter empfohlenen Zutaten und wurde für seinen

Strudel berühmt. Dankschreiben von Wiener Persönlichkeiten aus dieser Zeit belegen seinen strudelartigen Erfolg.

Tatsächlich wurde der Milchrahmstrudel aber schon im 18. Jahrhundert erwähnt. Er findet sich samt Rezept in Wolf Helmhardt von Hohbergs „Georgica Curiosa Aucta" aus dem Beginn des 18. Jahrhunderts, der wiederum auf ein anonymes handschriftliches Kochbuch verweist. Und hier knüpft die Geschichte wieder bei Familie Stelzer an. Die Urgroßmutter Anna Stelzer hat das Rezept des Milchrahmstrudels dann weiterentwickelt. Sie war eine begnadete Köchin mit einem besonderen Talent: Sie musste nur einmal von einer Torte, einem Strudel oder einem Kuchen kosten, und schon konnte sie ihn, ohne das Rezept zu kennen, nachkochen.

Zurück zum Strudel: Auch wenn der Strudel als Inbegriff einer Wiener Mehlspeise gilt, seinen Ursprung hat er in Ungarn. Und wer weitergräbt, wird feststellen, dass wir den Urstrudel den Türken zu verdanken haben. Zusammen mit dem Kaffee haben sie so einen wichtigen Teil zu unserer Lebenskultur beigetragen. Denn was wäre Wien ohne Kaffee und Strudel?!

Alles Plunder?

Der allseits beliebte Plunderteig, aus dem man zum Beispiel herrliche Powidlgolatschen oder Zimtschnecken fabrizieren kann, ist auch unter dem englischen Namen „Danish" (steht für Plundergebäck) bekannt. In Dänemark bekommt man die süßen Köstlichkeiten, wenn man das Zauberwort „Wienerbrød" ausspricht. Dahinter steckt eine kleine Anekdote: Im Jahre 1850 gingen die dänischen Bäckerei-Arbeiter in den Streik, wodurch die Besitzer gezwungen waren, ausländische Fachkräfte anzuheuern. Unter diesen befanden sich auch österreichische Bäckermeister, die mit den dänischen Rezepten nicht vertraut waren und somit einfach die ihnen von daheim bekannten Süßspeisen herstellten. Den Dänen hat es gefallen und anscheinend auch gut geschmeckt, weshalb sie den Plunderteig wie ihre nördlichen Nachbarn als Wienerbrød bezeichnen.

Beliebt und berühmt ist der Plunderteig also schon lange. Der Begriff Plunder hat aber zum Glück nichts, aber auch gar nichts mit „Altem, wertlosem Zeug" am Hut. Plunder stammt von „pluder", was so viel wie aufgehen, lockern bedeutet. Also ein lockerer Teig, der gerne aufgeht. Genau richtig für alle Zuckergoscherln, die Süßes lieben.

Was ließ selbst Kaiserin Sisi ihre Diätvorschriften vergessen?

Zu Zeiten, als man noch auf Sommerfrische fuhr, stand der Wienerwald bei der Hautevolee hoch im Kurs. Komponisten wie Franz Schubert, Johann Strauß oder Ludwig van Beethoven verbrachten hier ebenso die heißen Monate wie Johann Nestroy, Franz Kafka und Egon Schiele. Die berühmteste Wienerwald-Touristin war jedoch zweifellos Kaiserin Sisi. Sie war bekannt für ihre exzessive Wanderleidenschaft und streifte – sehr zum Leidwesen ihrer sie begleitenden Hofdamen – sehr gerne und ausdauernd durch die Wälder vor den Toren Wiens. Ihren ausgedehnten Spaziergängen durch die reizvolle Landschaft verdanken wir eine kuriose Gedenktafel bei einem Bauernhof am Riederberg, wo die vom Wandern durstige Monarchin um einen Schluck Milch bat. Aber nicht nur Milch, sondern auch das Quellwasser aus dem Wienfluss hatte es dem kaiserlichen Gaumen angetan. So ließ Sisi das Wasser für ihren Kaffee vom Quellursprung in Pressbaum nach Schönbrunn liefern. Seit damals ist die Quellfassung unter dem Namen „Kaiserbründl" bekannt. Und auch, wenn Sisi nicht gerade bekannt für den Genuss von Süßem war, für das Veilcheneis aus dem Wienerwald, das man auch heute noch in einigen Badener Restaurants kosten kann, vergaß sie für kurze Zeit ihre selbst auferlegten Diätvorschriften.

COFFEE TO STAY

The best coffee in Europe is Vienna coffee.
Mark Twain (1835–1910)

Stürzte Herr Neumann seinen Kaffee hinunter, oder stürzte er nach dessen Genuss aus dem Kaffeehaus?

Die Zeiten, in denen man exzentrisch bis zum Gehtnichtmehr war und dafür auch noch belohnt wurde, sind, denke ich, vorbei. Vielleicht ist es aber eine bestimmte Hartnäckigkeit verbunden mit einer Obsession, seinen Kaffee auf eine ganz bestimmte Art zu sich zu nehmen, die Herrn Neumann in die Liga der Namensgeber für Kaffeespezialitäten erhob. Genauso wie Herrn Obermayer. Und einige mehr. Aber wen wundert's, war das Kaffeehaus doch Treffpunkt für Künstler, Literaten, Intellektuelle und jede Menge „Originale". Individualisten, die ihre ganz bestimmten Vorstellungen von „ihrem" Kaffee hatten.

Nehmen wir den „Obermayer", ein doppelter Mokka, auf den sehr kaltes flüssiges Obers mittels eines umgedrehten Kaffeelöffels geträufelt wird. Namensgeber war ein offensichtlich exzentrischer Wiener Philharmoniker.

Ein anderer ist der „Überstürzte Neumann". Ob Herr Neumann seinen Kaffee hinuntergestürzt hat oder nach dem Genuss aus dem Kaffeehaus gestürzt ist, sind reine Spekulationen. Und haben eher nichts mit der Bezeichnung des Kaffees zu tun. Herr Neumann war einst ein Stammgast des legendären „Café Herrenhof" und hatte seine eigenen Wünsche bezüglich der Zubereitung. Ein herkömmlicher Einspänner war ihm nicht genehm, er verlangte den Kaffee gestürzt – sprich verkehrt – serviert. In eine leere Kaffeeschale kommt zuerst Schlagobers, das dann getrennt mit einem doppelten Mokka serviert wird. Der Doppelmokka wird am Tisch des Gastes über das Schlagobers gestürzt. Langsam hebt sich das im Glas befindliche Schlagobers, steigt über die zunehmende Menge Kaffee – wobei sich dieser melangebraun färbt – nach oben, um das Kaffeeglas zu krönen. Der Unterschied zum gewöhnlichen Einspänner ist die Mischung des Mokka mit dem Schlagobers – der Kaffee wird braun – wobei beim Einspänner der Kaffee schwarz bleibt.

Wer dem Wiener Kaffeehaus einen Besuch abstatten möchte, geht am besten in Deckung. Denn dort fliegen einem auch heute noch bunte Namen und wilde Mischungen entgegen, wenn man die klassische Wiener Melange oder den Espresso links liegen lässt. Bei Cappuccino scheiden sich bei der Zubereitung die Geister (Milchschaum oder Schlagobers), dabei hat es der Cappuccino nicht einmal geschafft, offiziell in den Wiener Kaffeewortschatz aufgenommen zu werden.

Bestellt man aber erst einen Obermayer oder einen Pharisäer (und fährt dann besser nicht mehr mit dem Auto, denn in Wien lernt man, dass Kaffee und Alkohol längst Brüderschaft „getrunken" haben), erkennt man schnell, ob der Ober noch zur alten Garde gehört und Bescheid weiß. Bei einem überstürzten Neumann scheitern allerdings die meisten.

Eines ist sicher: Kaffee wird nicht über einen Kamm geschoren. Das fiel schon dem Wiener Schriftsteller Hans Weigel auf, der einen Unterschied zwischen Káffee und Kaffée feststellen konnte. Die Betonung auf der ersten Silbe bezeichnet ein Getränk, die Betonung auf der zweiten Silbe eine Lebensform. Zu dieser Lebensform gehören unter anderem die phantasievollen Namen der Wiener Kaffeespezialitäten.

Worüber diskutieren Baristas?

Kaffeehauskultur wird in Wien immer noch groß geschrieben. Daran konnten auch die vielen Coffee-to-gos nichts ändern. Im Gegenteil: Es scheint, als hätte die Entwicklung einer neuen Kaffeekultur gerade begonnen. Immer mehr kleine Läden sprießen aus dem Boden, in denen Baristas ihr Können zeigen, und Kleinröstereien, die eine neue Hingabe zur braunen Bohne entdeckt haben. Hört man ihnen zu, wenn sie sich über Kaffee unterhalten, muss man die Ohren gut spitzen. Nein, es handelt sich nicht um eine Weindegustation. Ja, es werden gerade einige der über 600 Aromen, die der Kaffee für Genießer bereithält, diskutiert. Kaffee schmeckt auf einmal nach Wassermelone, Waldfrüchten oder Jasmin und hat einen Abgang. Helle Röstungen ergeben neue Möglichkeiten, die Geschmacksknospen blühen auf.

Alles gut und schön. Aber dann gibt es da noch jene, die immer schon da waren und bei Kaffee ein Wörtchen mitzureden haben: die Ober in den Wiener Kaffeehäusern. Sie haben ihre Sache von Grund auf gelernt. Sie sind Hüter und Bewahrer eines kulturellen Schatzes. Sie können noch mit links eine Melange von einem Cappuccino unterscheiden, was nicht überall der Fall ist. Und sie wissen auch noch die besonderen Kaffeespezialitäten beim Namen zu nennen. Und zwar beim richtigen. So wie den Einspänner. Ein Mokka mit einem üppigen Häubchen Schlagobers. Serviert im eigens angefertigten Einspännerglas. Mit Staubzucker, der extra gereicht wird. So gehört sich das.

Seinen Namen hat das Getränk von den einspännigen Pferdefuhrwerken. Die Kutscher hielten den Kaffee in der einen Hand, die Zügel in der anderen. Durch die dicke Schlagobershaube blieb der Kaffee heiß und konnte dann während einer Pause getrunken werden.

Wer zeigen will, dass er zumindest eine Ahnung vom Kaffeetrinken hat, unterdrückt beim Einspänner den Reiz, umzurühren. Der heiße Kaffee wird traditionell durch das kalte Schlagobers getrunken.

Kaffeehausküche, quo vadis?

Nicht immer wird man so fündig wie im „Café Hummel", um nur eines der typischen Wiener Kaffeehäuser zu nennen, bei denen die Klassiker der Wiener Kaffeehausküche noch mit einer Selbstverständlichkeit aufgetischt werden, als hätten sich die Geschmäcker nie verändert. Da gibt es noch die klassische Wiener Schinkenrolle, sogar mit hauseigener Gemüsemayonnaise, das berühmte Wiener Mayonnaise-Ei, ebenfalls mit der gut schmeckenden Mayonnaise, Sacherwürstel oder Debreziner mit Senf und Kren oder auf Wunsch auch mit Gulaschsaft und natürlich den einfachen, aber immer gern gegessenen Schinken-Käse-Toast mit Ketchup. Nicht zu vergessen ein herzhaftes Gulasch, serviert mit Salzerdäpfeln. Und noch ein Klassiker taucht hier auf der Speisekarte auf: das Sardellen-Butterbrot. Die kleinen Gerichte werden aber nach und nach zu Raritäten, die man auf der Speisekarte suchen muss. Denn auch die Kaffeehäuser versuchen bei den neuen Ernährungstrends mitzuhalten. Ein veganer Gugelhupf wurde zum Glück noch nicht gesichtet.

Eiernockerln, Rindsuppe mit Frittaten oder Leberknödel, Gulasch- oder Paradeissuppe – ein paar Klassiker der Kaffeehausgerichte werden hoffentlich nie
vom „Aussterben" bedroht sein. Das Wiener Schnitzel wird sich zum Glück auch nicht vertreiben lassen.
Auch im „Café Sperl" ist man auf der sicheren Seite,
und daran wird sich nichts ändern: Eine kleine Spei-
senkarte, die über die Jahre hinweg die immer gleichen Speisen anbietet und keine „Ausreißer" braucht.

Doch nach und nach ändert sich das Angebot an
Speisen. Im „Café Landtmann" findet man beispielsweise „Gourmet Fries" mit Trüffelöl & Parmesan –
unter der Rubrik Kaffeehausgerichte. Auch wird hier
eine original indische Lunchbox angeboten, in jeder
Lage eine andere Spezialität – die aber nichts mit der
Wiener Küche zu tun hat: Currygeschnetzeltes vom
Freilandhendl, Reis mit Cashews und Rosinen, fri-
sches Obst. Kaffeehausküche, quo vadis?

KULINARISCHE
WIENER WAHRZEICHEN

Schani, trag' den Garten aussi!
Wilhelm Wiesberg (1850–1896)

Wem haben die Wiener den Schanigarten zu verdanken?

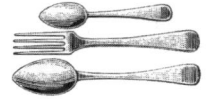

Wenn bei schönen Tagen vor einem Kaffeehaus oder einem anderen Lokal Tische und Sessel auf einem breiteren Gehsteig oder in einer Fußgängerzone auf der Straße stehen, so hat der Schanigarten endlich wieder Saison. Der Schanigarten ist auch so eine Wiener Spezialität, die der Gemütlichkeit genügend Platz einräumt. Da nimmt man sogar in Kauf, dass man auf einem öffentlichen Grundstück platziert wird. Der erste, der sich offiziell um eine Genehmigung bemühte, Tische und Stühle vor seinem Kaffeehaus am Graben aufzustellen, war der Kaffeehausbesitzer Gianni Tarone im Jahre 1750.

Woher der Schanigarten seinen Namen hat, darüber wird wie so oft gemunkelt. Es gibt allerdings Mutmaßungen, die recht einleuchtend klingen. Einer Ansicht zufolge leitet sich der Begriff von „Giannis Garten" ab. Eine andere besagt, dass der Schani als Hilfsdiener von Kellner und Ober irgendwann einmal den Auftrag bekam: „Schani, trag den Garten aussi". Dieser gehorchte dem Wunsch, brachte Sessel, Tische und Blumenkisten hinaus. Fertig war der Schanigarten. Auch soll der Begriff vom französischen Namen „Jean" kommen, da man im Wien des 19. Jahrhunderts häufig den Kellner so nannte. Denn aus dem einfachen Johann wurde schnell ein Jean gemacht, das Französische war damals eine Sprache zum Angeben.

Wo auch immer der Begriff herkommt, der Schani hat es geschafft, in die einschlägigen Gesetze und Vorschriften aufgenommen zu werden. Und ist aus der Wiener Szene einfach nicht mehr wegzudenken. Und außerdem: Der Wiener ist ja lufthungrig. Kaum ist es warm genug, um draußen sitzen zu können, wird die Gelegenheit ergriffen.

Schließlich könnte der Schanigarten seinen Namen auch von der Silbenverkürzung „Schau nur hin" haben. Da die Schanigärten frei einsehbar sind, ermunterten die Gäste mit dieser Ansprache Passanten scherzhaft, ihnen ruhig ungehemmt beim Verzehr zuzusehen.

Übrigens kann man nach den Schanigärten die Uhr richten. Es ist Sommerzeit, wenn der Schani die Tische und Sessel ins Freie stellt, und Winterzeit, wenn er sie wieder hereinholen muss.

Muss man mit einer Eitrigen zum Arzt?

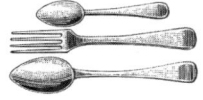

Wer Wienerisch lernen möchte, sollte sich beim Würstelstand unterstellen und die Ohren spitzen. Denn wenn der Wiener am Würstelstand „a Eitrige mit an Schoafn, an Buggl und an 16er-Blech" ordert, dann will er damit zum Ausdruck bringen, dass ihn nach einer Käsekrainer mit scharfem Senf, einem Brotscherzerl und einer Dose Ottakringer-Bier gelüstet. Keine Angst, man muss damit nicht sofort das nächste Krankenhaus aufsuchen. Sondern macht sich nur mit den hiesigen Sprachgepflogenheiten vertraut und weiß, was Sache ist.

Zurück zur Eitrigen: Wer je den Farbton und die Konsistenz des Käses begutachtet hat, wie er einer frisch angeschnittenen Krainer entweicht, der versteht die Bildhaftigkeit von der „Eitrigen" auf Anhieb. Ebenfalls leicht verständlich ist die Analogie des gekrümmten Scherzerls mit dem „Buggl", das heißt dem „Buckel", also dem Rücken. Auch des Rätsels Lösung beim „16er-Blech" ist nicht weiter schwierig. Hier muss man nur wissen, dass sich das „16er" auf den 16. Wiener Gemeindebezirk bezieht, wo die Brauerei Ottakringer ihren Standort hat. Die Würstelstand-Bestellung existiert selbstverständlich in vielen weiteren Varianten und Abwandlungen, zumal sich das Angebot dieser Institution ja nicht in Käsekrainern erschöpft. Es gibt da zum Beispiel noch den „Ölichen" (Ölpfefferoni) oder den „G'schissenen" (den Kremser Senf). „Glasaug" nennt man beim Würstelstand eine Perlzwiebel, und ein „Oaschpfeiferl" – also eine Arschpfeife – ist ein scharfer Pfefferoni.

Auf alle Fälle schließt eine authentische Würstelstand-Bestellung mit den Worten „owa tschennifa" (aber schnell). Tschennifa steht hier für die Verballhornung des Namens der Sängerin Jennifer Rush, und rush heißt bekanntlich schnell.

Bei einem Lehrgang über das wienerische Schimpfen darf der Würstelstand nicht fehlen. Die Kursleiterin warnt ihre Schützlinge: „Das Wienerische ist supereklig. Wenn Sie es einmal gehört haben, werden Sie Vegetarier." Und spielt ihnen ein Hörbeispiel vor, auf dem Josef Hader eine Wurst bestellen darf: „A Eitrige, waun's ma gabadn. Jo, mid an Buggl. Und aamoi dazuagschissn." Zum Glück folgt die hochdeutsche Übersetzung: „Geben Sie mir bitte eine Käsekrainer. Ja, mit einem Brotkanten (Scherzerl). Und einem Klacks Senf." Anzumerken bleibt, dass viele Wiener bei einem „gschissenen" Senf automatisch den süßen Kremser-Senf meinen. Und wenn sie „a Krokodü" (Krokodil) verlangen, gern ein Essiggurkerl hätten.

Auf alle Fälle ist der Würstelstand jener Ort, an welchem alle gesellschaftlichen Schichten in einer sozialen Grauzone aufeinander treffen. Der Wiener Würstelstand, der in Anlehnung an das berühmte Hotel oft auch als das „kleine Sacher" bezeichnet wird, gehört zu Wien wie das Riesenrad oder der Stephansdom. Selbst Fastfood-Ketten, Döner-Buden und Pizza-Imbisse können dem Erfolg der Würstelstände nichts anhaben. Denn nur hier kann man gleichsam die Essenz des Wienerischen spüren und nostalgisch an die Geschmackskultur der K.-u.-k.-Zeit andocken. Also, auf zum Würstelstandler Ihres Vertrauens. Owa tschennifa!

Was ist ein Beisel?
Und was ist es nicht?

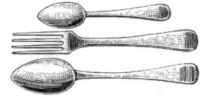

Der Wiener braucht einen ihm zugeordneten Platz, um seine Gemütsverfassungen zu pflegen. Das Kaffeehaus diente zum Schmökern und Spekulieren, der Heurige zum Fraternisieren und Sich-ein-Liedchen-von-der-Leber-Singen. Und das Beisl, ja das Beisl ist ein vielschichtiger Ort. Eine Spelunke der besonderen Art. Hier wurde gezecht, diskutiert und angebandelt. Ein Seidl getrunken oder ein Achterl. Oft war's ein „Fluchtachterl", auch wenn man nicht auf der Flucht war (oder zumindest nichts davon wusste). Im Beisl fragte keiner so genau, wer du bist, was du machst oder wovon du die Finger lassen solltest. Da wurde lauthals politisiert, da ging es zu, turbulent und durcheinander, und da konnte man sich stärken: mit einem Fiakergulasch oder einem Beuschl, einem Paar Frankfurter, einem Schinkensemmerl mit Kren und natürlich einem Wiener Schnitzel. Gestärkt ging es dann zurück zur Lieblingsbeschäftigung: gscheit palavern. Und zwar so, wie einem der Schnabel gewachsen ist. Und dazwischen wieder ein bisserl antschechern, anpiperln. Und die Streitkultur schön brav kultivieren.

Das Beisl hört sich an wie ein Fluchtort, aber keiner der vornehmen Art. Gut so, denn auch das muss es geben. Früher galt das Beisl als „Auffanglager". Es war ein Ort der Überbrückung, um sich aufzuwärmen, sich zu verpflegen, ein verlängertes Wohnzimmer. Die Kinder wurden mit leeren Gläsern hingeschickt und mit vollen zurückerwartet. Das Beisl war ein Nahversorger, denn nicht in jedem Haushalt wurde gekocht. Aber es gab auch Tanz- und Konzertveranstaltungen, es war also auch ein Ort, um einander zu begegnen. Seit dem 18. Jahrhundert – so lange gibt es diese Institution schon – spielten sich dort die alltäglichen Dinge des Lebens ab. Wirt und Wirtin fast wie Pflegeeltern, das Beisl selbst wie ein guter Freund: immer offen, immer da.

Wer hat uns eigentlich diesen wundersamen Ort beschert, den es so in seiner Intensität und Vielfalt nicht mehr gibt? Die einen sind der Überzeugung, dass sich seine Bezeichnung vom böhmischen Wort „paizl" ableitet und so viel wie Spelunke oder Kneipe bedeutet. Aus einer anderen Ecke gesteht man dem Beisl jiddischen Ursprung zu, das jiddische Wort „bájiss" bedeutet Haus.

Was aber ist ein Beisl? Und was ist es nicht? Denn die echten sind so gut wie ausgestorben oder haben sich in sogenannte Edelbeisl verwandelt, die mit der

Ursprungsform so gar keine Ähnlichkeit mehr haben. Und die paar Originale, die es noch gibt, werden gehegt und gepflegt. Um eines zu erkennen, hält man sich am besten an die „Inventarliste", die das historische Museum der Stadt Wien aufgestellt hat: Requisiten, die es in den Stand eines echten Beisls erheben, sind die Schank und Kühlwand, eine hölzerne Wandverkleidung, ein Brett mit Haken statt eines Kleiderständers, ein beweglicher Raumteiler, Holztische, ein Wirt oder eine Wirtin, eine schwarze Kreidetafel zum Anschreiben der Tagesspeisen, Seidel und Glaserl, Würzensembles (Speisewürze, Salz, Pfeffer und Zahnstocher) sowie ein Stammtischzeichen, Symbol für Dazugehörigkeit oder eben nicht. Bleibt eigentlich nur noch die eine Frage offen: Sagt man jetzt Beisl oder Beisel?

WIENER INSTITUTIONEN

„Wenn die kan Almdudler hab'n,
geh i wieder ham!"
Werbeslogan Almdudler

Womit holen sich Auslandsösterreicher ein Stück Heimat in die Fremde?

Unter dem Kapitel „Typische Wiener Gerichte" auf Wikipedia stehen tatsächlich die Manner-Schnitten. Eine Gedicht? Ja, aber ein Gericht? Naja. Eigentlich sei das umsatzstärkste Süßwarenprodukt Österreichs gar keine Nascherei, sondern ein Grundnahrungsmittel, heißt es bei Manner. Schließlich sei die Manner-Schnitte auch im Warenkorb vertreten, mit dem der Verbraucherpreisindex ermittelt wird. Auf jeden Fall haben die Schnitten ganz schön für Aufregung gesorgt. Und das begann schon im Jahr 1890.

Als Süßes noch ein Luxusartikel war, rief einer: „Chocolade für alle!" Das war Josef Manner, der in einem kleinen Laden am Stephansplatz Feigenkaffee und Schokolade verkaufte. Weil ihn die Qualität der Schokolade seines Lieferanten nicht zufrieden stellte, entschloss er sich, selbst in die Produktion einzusteigen, und erwarb Konzession, Lokal und die bescheidene Einrichtung eines kleinen Schokoladenerzeugers im fünften Wiener Gemeindebezirk. Ab 1. März 1890 war er frischgebackener Inhaber der „Chocoladenfabrik Josef Manner". Und hatte ein großes Ziel vor Augen: gute Qualität preisgünstig anbieten zu können.

„Nachdem gestern die bereits seit einigen Tagen erwartete Lieferung Haselnüsse aus Neapel eingetroffen ist, konnte heute erstmals mit der Serien-Produktion der neuen Waffelschnitten begonnen werden. Da bereits einige Schnitten-Variationen angedacht sind, wage ich noch keine Prognose – die heute produzierten Neapolitaner Schnitten No. 239 scheinen mir persönlich aber besonders gelungen", sagte Manner. Die Erfolgsgeschichte der Manner-Schnitte war ab diesem Zeitpunkt nicht mehr aufzuhalten.

Klug war Manner schon immer. So ließ er sich bereits 1890 den Stephansdom als Schutzmarke eintragen. Der Vertrag ist unbefristet, niemand anderer darf daher mit dieser Perspektive des Stephansdoms für seine Produkte werben. Ein guter Deal: Denn so ist die neue Haselnuss-Schnitte von Anfang an stark mit Österreich verbunden. „Der Dom hält seine Hand schützend über Manner", davon ist der Enkel des Firmengründers, Dr. Carl Manner, überzeugt. Schließlich ist es auch umgekehrt. Die Manner AG übernimmt seit über 30 Jahren die Lohn- und Lohnnebenkosten für einen Stein-Spezialisten, der das historische Bauwerk unter seine Fittiche nimmt.

Im 19. Jahrhundert verkaufte Manner die Schnitten lose – so konnten sich auch einfache Arbeiter etwas Süßes leisten. Später wurden sie in Schachteln gepackt und von einer rosa Papierschleife umschlossen, bald darauf lieferte man sie in der typischen rosa Blechschachtel, dann – es war um 1924 – wurde die Faltschachtel, die zwei Fünferreihen Manner-Schnitten enthielt, zum weiteren Meilenstein in der Manner-Geschichte. Die Taschenpackung in Aluminium-Folie kam 1949, die „klimadichte" Verpackung samt Aufreißfaden entstand nach vielen Monaten des Tüftelns und Testens in den 1960er-Jahren. Was unverändert blieb, war die Größe der Manner-Schnitten: Das Format 49 x 17 x 17 Millimeter war einfach ideal, um ein Packerl Manner-Schnitten immer bei sich zu tragen.

Woher kommt aber nun die Liebe zur Manner-Schnitte? Nur ganz hartgesottene Feinde von Süßem können dem Duft von Haselnüssen und Schokolade nichts abgewinnen. Ein schweres Versäumnis – würde auch Kaliforniens Gouverneur Arnold Schwarzenegger meinen, der als „Terminator III" der Kultschnitte aus Österreich Hollywoodstatus verpasste. Nicht nur für Arnie sind die Manner-Schnitten in der unverwechselbar altrosa Verpackung ein Kultprodukt, das auch im Ausland ein Stück Österreich vermittelt. Früher waren es die Emigranten aus Österreich, die sich mit Manner ein Stück verlorener Heimat kauften. Die Manner-Schnitten bedeuten aber auch heute noch ein Stück Heimat. Die Liebe zu gewissen Produkten ist kein Wiener Spezifikum, in jedem Land gibt es Lieblingsprodukte, mit denen man aufgewachsen ist. Essen hat eben immer mit Emotionen zu tun. Und: Manner mag man eben.

Almeli, Dudeli — What?

Das wäre einmal eine Aufgabe: einen einzigen Menschen in Österreich zu finden, der das Trachtenpärchen nicht kennt. Oder einen, der nicht weiß, wie der Spruch, der dem Pärchen um die Welt gefolgt ist, lautet. Wird kaum gelingen. Heute werden an die 80 Millionen Liter Almdudler pro Jahr produziert, 86 % davon trinken wir selber. Aber der Reihe nach.

Am 17. Oktober 1957 – zu Ehren der Hochzeit mit seiner Frau Ingrid – füllte der Almdudler Erfinder Erwin Klein in der Weißgasse Nummer 3 im 17. Wiener Gemeindebezirk erstmals die erfrischende Kräuterlimonade ab. Drei Jahre lang hatte er an dem Rezept getüftelt, das eigene Aroma kam durch in Eichenfässern gereifte Essenzen zustande. Damals wusste er wahrscheinlich noch nicht, dass er damit den Grundstein zu einer österreichischen Legende gelegt und eine würdige Antwort auf das amerikanische Softdrink-Getränk gefunden hatte.

Herr Klein war ein Tausendsassa. 1924 in Wien geboren, erlernte er die Schauspielerei, war Kabarettist, Regisseur und Drehbuchautor. Er versuchte sich als Chef einer Werbeagentur, war Vorsitzender eines Amateurfußballvereins, Präsident des Österreichischen Skibobverbandes und ab 1962 Kommerzialrat. Das Unternehmen selbst bestand als Sodawasser- und Limonadefabrik bereits seit Ende des 19. Jahrhunderts, die erste Firmenbucheintragung datiert vom Jahr 1910. Klein liebte den Sport, wollte die Erfolge der Skination Österreich mit dem Image seines Getränks zusammenspannen. Was ihm dabei zugute kam: Die Fernsehgeräte nahmen Einzug in die österreichischen Haushalte. So ließen sich Sport und Werbung gut miteinander verbinden. Und: Es kam zu einem beachtlichen Anstieg der Kühlschränke – was 1959 noch nicht selbstverständlich war. So konnte man seine Kräuterlimonade auch gut gekühlt zu Hause trinken. Am besten vor dem Fernsehgerät. Und dabei Sport schauen. Gut eingefädelt, Herr Klein.

Herr Klein hat Großes geschaffen: eine Flasche Heimat, verpackt in die Bildwelt der Aufbaujahre – das ist Almdudler. Die zu jener Zeit geläufige Redewendung „auf der Alm dudeln" – dudeln heißt soviel wie jodeln – wurde zum Markennamen für die Kräuterlimonade. „Wenn die kan Almdudler hab'n, geh i wieder ham" zum Spruch, der die Verbundenheit zu Österreich zum Ausdruck brachte. Die Weiterentwicklung macht aber auch vor diesem Slogan nicht Halt: „Wenn du an Almdudler hast, bist du net allan!", heißt es seit Kurzem.

WIEN UND DER WEIN

„Es gibt ebenso wenig hundertprozentige Wahrheit
wie hundertprozentigen Alkohol."
Sigmund Freud (1856–1939)

Was hat immer Saison?

Wer glaubt, ein G'spritzter sei eine eindeutige Angelegenheit, der irrt. Und zwar gleich ein paar Mal. Die feinen Unterschiede fangen schon beim Namen an. Das beliebte Mischgetränk aus Weißwein und Sodawasser heißt nämlich überall ein bisschen anders. Im Osten Österreichs kommt man mit „G'spritzter" und „Spritzer" ans Ziel, in der Steiermark hingegen muss man schon eine „Mischung" verlangen. Ab und zu geht in Wien, aber auch nur dort – schon wieder eine Extrawurst – der G'spritzte auch als Spritzwein durch.

Der nächste Irrtum liegt ebenfalls nahe: Wenn er sowieso aufgespritzt wird, kann man ja mit ruhigem Gewissen einen billigen Weißwein nehmen. Oft hört man auch: Der ist zu schade zum Spritzen. Falsch. Denn die Kohlensäure sorgt dafür, dass sich mit jedem Bläschen auch die Qualitätsmängel entpuppen. Der Wein muss genug Säure und nicht zu wenig Frucht und Würze haben, ideal ist ein Alkoholgehalt von etwa 11,5 bis 12 %. Man kann es drehen und

wenden, wie man will, aber Grüner Veltliner, Weiß-
burgunder, Welschriesling und Gemischter Satz ent-
sprechen dem ersehnten Rollenbild am besten. Vergessen kann man süße Weine oder Weine, die im
Barrique gelagert sind.

Jetzt, da die Frage nach dem Wein geklärt ist, noch
ein Hinweis in Sachen Lebendigkeit – der Name ist ja
nicht umsonst ein Hinweis auf seine Spritzigkeit.
Daher: Immer frisch zubereiten, da bleibt der G'spritzte
frisch und lebendig.

Weiter geht's: Streitfrage Mineralwasser oder
Sodawasser. Wer eine „Mischung" bestellt, also
einen G'spritzten mit Mineralwasser, schließt somit
die Verwendung von Sodawasser aus. Aber das weiß
auch in der Gastronomie kaum jemand. Also vergessen wir die Mischung gleich wieder. Wichtig: je neu-
traler der Geschmack, desto besser. „Normales"
Mineralwasser ist also sicher keine schlechte Wahl,
die gute, alte Sodaflasche hat allerdings gerade beim
G'spritzten immer noch ihre Berechtigung.

Auch die Wahl des Glases kann zum Anstoß werden. Das „Österreichische Weinmarketing" ließ in
den 1990er-Jahren eigens ein Spritzer-Glas gestalten,
und sogar die renommierte Glashütte Riedel designte
ein Gefäß für die österreichische National-Mischung.
Am besten schmeckt der Spritzwein allerdings aus
dem Henkelglas, alias Krügel. Da bleibt er am längs-
ten frisch und kühl.

Was führt selbst Weinkenner in die Irre?

Ein honoriger Hofrat der burgenländischen Landesregierung und anerkannter Weinfreak ließ sich anlässlich seines Geburtstagsfestes zum 50er etwas eher Ungewöhnliches einfallen: Er füllte die besten Weine seines Sortiments – immerhin hat er an die 3.000 Flaschen aus Nah und Fern im Keller liegen – in Zweiliterflaschen, besser bekannt unter Doppler, um. So kredenzte er sie auf seinem Fest. Die Reaktion auf den Doppler war erschreckend: Es kam zu Beschwerden, fast zum Eklat. Knausrigkeit wurde ihm vorgeworfen. Es gab nur wenige unter seinen Gästen, die auf den Inhalt achteten und nicht auf die Verpackung. Und die erkannten, dass sich in den Zweiliterflaschen Weine von höchster Qualität befanden.

Doch was soll's: Der Ruf des Dopplers ist nun mal ruiniert. Das hängt gar nicht mit dem Glykolskandal Mitte der 1980er-Jahre zusammen. Denn damals waren es meist die kleinen Flaschen (0,375 Liter), die mit gepanschten Süßweinen gefüllt wurden. Und doch ist der Doppler dem Untergang geweiht. Warum das so ist, kann eigentlich niemand genau sagen. Irgendwie ist der Doppler nicht mehr zeitgemäß, sondern nur noch altbacken. Es wird weniger getrunken – denn wer trinkt schon in absehbarer Zeit zwei Liter Wein. Und dazu kommt noch ein sehr praktischer Grund: Er passt nicht in den Kühlschrank. Früher, als der Doppler noch neben der Küchenbank oder unter dem Tisch stand, habe man es so gemacht, wie die Italiener es heute noch tun: Die Flasche öffnen, den Wein trinken.

Warum das Image des Dopplers derart beschädigt ist, verstehen selbst viele Winzer nicht. Alfred Moritz, Bioweinbauer aus Horitschon und Gründer der „Initiative zur Rettung des Dopplers", kreierte eine goldene und eine silberne Zweiliterflasche als „Geschenkidee". Es war nicht Heimweh nach der mit großer Tradition behafteten Flasche, sondern eher eine künstlerische Aktion. Auch die beiden Weinviertler Winzer Herbert Zillinger und Herbert Studeny haben sich mit dem Doppler einen Scherz erlaubt: ein grüner Veltliner im Doppler, mit hundsordinärem Kronkorken und einem Etikett versehen, das an Billig-Chic erinnert. War aber alles nur ein Schmäh. Tatsächlich haben die jungen Winzer Kreszenzen ihrer absoluten Top-Veltliner-Lagen zur „Topler"-Cuvée vereint.

Dennoch: Mit einem Revival des Dopplers, volkstümlich auch als „Austro-Magnum" bezeichnet, ist vorerst nicht zu rechnen. Schade eigentlich – von etwas Gutem kann man doch nie genug kriegen …

Hundert erstaunliche Antworten zu Wien

METROVERLAG

© 2016 Metroverlag
Verlagsbüro W. GmbH
www.metroverlag.at
Alle Rechte vorbehalten
Printed in the EU
ISBN 978-3-99300-270-1